COLLECTION
FOLIO/HISTOIRE

Arlette Farge

# Vivre dans la rue à Paris au XVIII$^{e}$ siècle

Gallimard

Cet ouvrage a originellement paru dans la collection Archives dirigée par Pierre Nora et Jacques Revel.

Arlette Farge est chercheuse au Centre national de la recherche scientifique. Elle a publié *Le vol d'aliments* (Plon, 1974), plusieurs articles sur les comportements urbains d'Ancien Régime et a expliqué le travail de lecture des sources par l'historien dans *Le goût de l'archive* (Le Seuil, 1989). Elle a dirigé le tome III de l'*Histoire des femmes* (Plon, 1991).

# Présentation

*La rue comme objet historique? Ce projet* a priori *suspect de romantisme et de démesure, est né d'une conviction : celle d'une absence, d'une brèche dans le discours sur la ville. Au XVIII*e *siècle comme maintenant, insistantes et simultanées, l'indignation devant la misère et la peur viscérale de ces « animaux urbains » que sont les femmes et les hommes paupérisés des grandes villes occultent l'ordre infini des créations entre l'individu et son espace. C'est pourtant dans la rue que se repèrent et s'inventorient les mécanismes d'usage et d'appropriation de l'espace, les liens entre lieux et formes de communication, les échanges qui se créent puis se défont. C'est dans la rue que se perçoivent une certaine ritualisation de l'usage spatial et son inverse obligé. L'homme de la rue paraît esquiver une double menace, il élabore des stratégies pour contrarier l'ordre que l'on tente de lui imposer, et il résiste à se laisser prendre aux règles de la description, celle des contemporains comme celle des historiens venus plus tard. De telle sorte que la rue s'impose comme évidemment rétive à l'assujettissement et à l'analyse.*

*En faire un objet historique ne prétend aucunement la réduire ni en fixer une image définitive. Il ne s'agit pas d'imposer ici un nouveau discours totalisant; il ne s'agit pas non plus de reproduire un réel, un vécu qui aurait échappé aux gens de savoir. Mais seulement de s'insinuer, comme par effraction, à l'aide de sources jusqu'ici peu utilisées, dans cet espace ouvert : la rue vit ses spasmes et ses paradoxes en dépit du regard savant et politique porté sur elle; si elle est matière à histoire, c'est d'abord parce qu'elle s'impose visuellement à travers les archives.*

*Sans aucun doute, ce travail entre en résonance avec*

*les courants historiographiques actuels. Si « faire de l'histoire », c'est définir de « nouveaux objets » et « inventer » les archives qui aideront à ces définitions, l'étude présente est empreinte de cette démarche et lui doit beaucoup. C'est au moment où il s'est avéré en même temps nécessaire d'utiliser les apports de l'histoire quantitative et de se dégager de sa souveraineté que les historiens sont partis à la recherche des mentalités collectives et des vies quotidiennes dont courbes et chiffres faisaient souvent l'économie. Et cette évolution prend son sens à un moment où les hommes eux-mêmes cherchaient à retrouver une identité culturelle et originale masquée par le carcan des techniques, des polices et des disciplines. Quand Louis Chevalier fit paraître, en 1958, son livre* Classes laborieuses, classes dangereuses, *le champ s'ouvrait plus largement encore. C'était du côté des exclus, des silencieux et des bafoués qu'il fallait se tourner. Interroger autrement les sources, travailler sur le silence des sans aveu et non sur les discours bavards et autorisés. C'est Paris qui devenait objet d'enquête; derrière ce lieu on pressentait une histoire nouvelle, celle des gens de la rue, censurés jusque dans les archives qui parlaient d'eux. L'utilisation des archives judiciaires fut le recours, elle s'avéra féconde : se dessinait soudain l'envers du décor; dans l'enthousiasme, on ne prenait pas même assez garde au piège pourtant largement tendu. L'envers du décor n'est un envers que parce qu'il est ainsi nommé par ceux qui gouvernent. Choisir les sujets justiciables comme objet d'un travail c'était déjà se plier aux normes dominantes.*

*En même temps, venue d'un autre questionnaire, s'imposait l'œuvre de M. Foucault dont les objets étaient ceux de l'historien. Son analyse aiguë des dispositifs de savoir et pouvoir comme établissements de normalisation — tels l'asile, l'hôpital ou la prison — incitait à interroger les sources avec de nouvelles perspectives.*

*Fabriquée de tous ces sursauts de la vie politique et de la pensée, la lecture des archives judiciaires fit petit à petit surgir de nouvelles images que je ne cherche plus à classer selon une grille traditionnelle (dominants dominés, par exemple) ni selon une thématique imposée d'avance. Le délinquant « en bonne et due forme », si j'ose dire, n'est plus l'objet de mes recherches; seul m'intéresse l'événement susceptible d'amener devant le commissaire une ou plusieurs personnes, le désordre minimum pour qu'existe une trace dans les archives et que se mette en scène un déroulement d'actes, de gestes et de paroles. Travailler non plus sur les procès officiels conclus par des sentences définitives, mais sur les plaintes souvent non poursuivies, sur les minuscules rapports conservés au jour le jour dans les registres du guet ou de la garde de Paris, sur les notes hâtives qui subsistent dans les carnets des commissaires de police parisiens.*

*La lecture des documents fait apparaître un objet cohérent, une entité vivante : la rue comme lieu où se pratiquent des activités qui sont autant de systèmes de créations que de systèmes de défenses implicites. Ces activités dessinent aussi les usages esthétiques et émotionnels de la ville : la couleur des vêtements, les objets portés sur soi, les manières de se héler ou de s'affronter font écho aux conduites sexuelles, aux modes d'appropriation masculin et féminin de l'espace et répondent aux fragilités économiques des groupes familiaux. Les mécanismes de régulation et les renversements soudains d'interdits esquissent une symbolique entre les lieux et les événements, et rendent visibles les différences même minimes entre niveaux de population. On comprend que la rue puisse être un objet inquiétant pour le pouvoir et qu'elle suscite bientôt de sa part des projets destinés à l'apprivoiser.*

*Pour l'analyse, il faut se rendre libre des représentations traditionnelles qui conduisent si facilement à s'emparer d'un vocabulaire connoté d'exotisme (quels drôles d'animaux que ces gens du peuple!) ou de misérabilisme (quelle pitié!). Il faut donner à chaque texte découvert la possibilité d'être significatif, même s'il est singulier, et faire regarder la rue à partir de ces singularités juxta-*

*posées sans rompre pour autant la trame existante des continuités et des discontinuités. Une telle démarche implique évidemment la matérialisation de l'espace urbain, cette géographie spatiale qui impose des modes de vie particuliers à ses habitants, et qui deviendra objet de discussion et cible politique. Matérialisation de l'espace plus que géographie urbaine détaillée.*

*En fin de compte si l'on a choisi de faire de la rue parisienne au XVIII^e^ siècle un objet d'histoire, c'est aussi parce que le regard anthropologique porté sur elle lui laisse la liberté d'être en même temps sujet de l'histoire.*

# 1

## La rue pour vivre

*Au XVIIIe siècle, à Paris, la rue. Trois mots qui dessinent un espace qu'on croirait familier. Des lambeaux de culture acquise traînent dans les têtes ainsi que des images stéréotypées : les carrosses rapides et sonores sur des rues pavées bien trop boueuses, les cris insistants de marchands, les mendiants, le guet à cheval et les attroupements interdits. Et pour peu qu'on ait lu quelques récits de voyageurs, des phrases reviennent en mémoire qui décrivent hâtivement la capitale.*

**La rue<br>est un spectacle**

*La rue provoque le regard du visiteur, force ses impressions et inspire les notes du voyageur. Thème familier de certains discours littéraires, elle permet de belles pages et de cocasses descriptions où s'accumulent les détails insolites et des images colorées qui doivent donner aux lecteurs une impression de charme et de canaille, et un sentiment délicieux d'effroi rétrospectif.*

*Depuis le début du XIXe siècle, la vision populiste l'emporte, sauf de rares exceptions, et donne la couleur et le folklore : bonheur de paille encanaillé, chatoyant et vivant, où bonne humeur et amuseurs séduisent le passant. Par moments, une touche humanitaire assombrit le tableau, mais la description de la rue traditionnelle reste un genre fondamentalement exotique. Un historien, au début de notre siècle :*

La rue est un des cadres essentiels de la vie parisienne. Avec son animation, son bruit, ses personnages familiers, ses célébrités, ses passants pressés et badauds, spirituels et gobeurs, avec ses boutiques et ses cafés, ses théâtres de boulevard et ses amuseurs ambulants, elle est une des curiosités, un des charmes de Paris; c'est un spectacle continu, divers et gratuit. Son mouvement et son pittoresque ne frappent pas seulement les étrangers; ils intéressent de plus en plus les artistes. Ceux-ci se plaisent plus dans les jardins publics ou sur les boulevards que dans les salons de Versailles; ils s'y promènent, le regard amusé, et s'y attardent volontiers à prendre des croquis.

C'est dans les rues que Boucher et Bouchardon ont vu les marchands populaires qui défilent dans leurs cris de Paris; que Watteau a croqué le « Savoyard à la marmotte », la silhouette d'une jolie passante ou les ivrognes débraillés des Porcherons [...], c'est dans la rue Princesse que Chardin a observé ses pourvoyeuses, ses écureuses, ses laveuses et ses cuisinières; c'est sur le Pont-Neuf que Greuze a trouvé le sujet de sa Belle-mère : « Je cherchais depuis longtemps, écrit-il, à tracer un caractère, sans rencontrer l'expression désirée; un jour, en passant sur le Pont-Neuf, je vis deux femmes qui parlaient avec véhémence. L'une d'elles répandait des larmes et s'écriait : " Quelle belle-mère oui, elle lui donne du pain, mais elle lui brise les dents avec ce pain. " Ce fut un trait de lumière pour moi [1]. »

*Au XVIII^e^ siècle, dans les nombreux récits de voyageurs, il s'agit moins d'exotisme que de stupeur inquiète. Abasourdis de bruit et de mouvement, les visiteurs reproduisent au jour le jour leurs impressions, particulièrement sollicités par les va-et-vient incessants de la foule, le bruit assourdissant, la saleté malodorante et la brutalité d'un espace urbain qui les accueille sans ménagement. Affleure chez eux la crainte de se mêler franchement à ces hordes. Qu'ils soient russes, siciliens ou hollandais, la surprise inquiète est la même chez tous :*

Allez ici d'un bout à l'autre de la ville : partout la foule va et vient, partout du bruit et du vacarme dans les grandes et les petites rues. Or il y en a environ 1000 dans Paris [2]!

Ajoutez les hurlemens et les cris de tous ceux qui vont dans les rues pour vendre des herbes, du laitage, des fruits, des haillons, du sable, des ballais, du poisson, de l'eau et mille autres choses nécessaires à la vie; et je ne crois pas qu'il y ait aucun sourd-né, si ennemi de lui-même, qui voulût à ce prix recevoir l'ouïe, pour entendre un tintamarre si diabolique [3].

... En tems humide et mauvais je ne conseille à personne de se mettre proprement, la moindre pluie rend les rues de Paris presque impraticables, à cause de la bourbe dont elles sont pleines, laquelle s'augmente sans cesse par la multitude de ceux qui vont et viennent.
L'on dit que Lutetia est dérivée de Lutrine, et ma foi il est vrai en effet; car les rues y sont rarement très nettes, quoique les Maîtres de police fassent de très bons réglements, pour ôter la saleté [4].

Quant aux carrosses, il y en a ici un nombre infini qui sont délabrés et couverts de boue, et qui ne sont faits que pour tuer les vivants. Les chevaux qui les tirent mangent en marchant (...) tant ils sont maigres et décharnés. Les cochers sont si brutaux, ils ont la voix si enrouée et si efroïable, et le claquement continuel de leurs fouets augmente le bruit d'une manière si horrible, qu'il semble que toutes les Furies soient en mouvement pour faire de Paris un enfer. Cette voiture cruelle se paye par heure, coutume inventée pour abréger les jours, dans un temps où la vie est si courte [5].

*Etranger ou Français, la réaction est la même : la peur, la panique font partie de l'évocation de Paris. La ville agresse son visiteur. Il se sait incapable de maîtriser cette fièvre urbaine qui macule jusqu'à ses vête-*

*ments dont l'ornement témoigne de ses titres et de sa fortune. Bas crottés, monde qui se sent bafoué, peur honteuse de tout perdre définitivement : ces sentiments sournois se cachent sous l'humour apparemment léger de l'anecdote. La misère émeut moins qu'elle ne fait peur :*

Il est amusant de voir un Parisien traverser ou sauter un ruisseau fangeux avec une perruque à trois marteaux, des bas blancs, et un habit galonné, courir dans de vilaines rues, sur la pointe du pied, recevoir le fleuve des gouttières sur un parasol de taffetas. Quelles gambades ne fait pas celui qui a entrepris d'aller au faubourg Saint Jacques, diner au faubourg Saint Honoré, en se défendant de la crotte et des toits qui dégouttent! Des tas de boue, un pavé glissant, des essieux gras, que d'écueils à éviter! Il aborde néanmoins, à chaque coin de rue, il a appelé un décrotteur. Il en est quitte pour quelques mouches à ses bas [6].

Une voiture est indispensable ici, au moins pour nous autres étrangers; mais les français savent d'une façon merveilleuse marcher au milieu des saletés sans se salir; ils sautent artistement de pavé en pavé, et se garent dans les boutiques des voitures qui vont vite. L'illustre Tournefort, qui avait fait presque le tour du monde, après être revenu à Paris, fut écrasé par un fiacre, parce que durant son voyage il avait désappris l'art de bondir comme un chamois dans les rues, talent indispensable pour tous ceux qui vivent ici [7].

**Une manière de vivre**

*Est-ce donc si simple la rue, telle une image d'Epinal colorée, et sur laquelle courent les regards d'érudits patients, curieux ou explicatifs? Est-ce donc si simple la rue, c'est-à-dire ce qui dans une ville se laisse voir ou toucher, ce remuement constant de choses et de gens? En fait la rue, mouvante et complexe, est un espace qui échappe à toute définition, une réalité qui s'esquive à mesure qu'on croit l'appréhender. Aussi nécessaire qu'imprévisible, la rue est de toute façon difficile. Difficile à connaître, difficile à comprendre et à dire, impossible à limiter dans des définitions trop strictes, comme si à travers elle s'écoulait toujours un peu plus de vie ou d'événements que n'en prévoient les murs et les institutions.*

*Difficile et pourtant attirante, comme si dans sa réalité même se trouvaient quelques clés pour mieux comprendre le tissu des relations sociales, le jeu vital de ceux qui l'occupent et la parcourent et l'enjeu qu'elle représente pour ceux qui gouvernent le pays et la ville. Attirante, comme si la rue enserrait en elle, quelque part, l'essentiel de la vie sans pourtant jamais pouvoir le livrer définitivement. Sa mouvance et ses contrastes violents sont à la mesure de l'aversion et de la fascination qu'on lui porte tout à la fois. Sa mobilité et son visage, chaque jour différent, ne rassurent pas forcément; il en est même qui s'amusent à lire en elle l'avenir proche de la société, comme on lit dans du marc de café le destin des amours.*

*Et s'il s'agissait seulement de traverser autrement cet espace, de le dire d'abord avec les mots, les actes, les choix ou les refus, de ceux qui y passent, travaillent, vivent ou meurent? Changer le lieu d'où le regard observe, ne plus chercher sa définition exacte qui serait forcément fausse, ne pas trop s'attarder à une reconstitution exhaustive, mais privilégier (sans se l'approprier) le regard de celui qui d'abord subit la rue comme une réalité difficile et agressive, comme une condition essentielle.*

*La rue parisienne à la fin de l'Ancien Régime est un espace que l'on ne choisit pas, un espace que l'on occupe pour la seule raison qu'on n'en possède guère d'autre, un espace pour vivre. Il n'y a pas d'autre ailleurs pour les pauvres, pour ceux que la subsistance quotidienne préoccupe matin et soir. La rue est pour eux l'élément vital, le lieu de leurs démarches et de leur abri, l'espace où se joue parfois leur destin. Espace en mouvement, du mouvement même de l'instabilité des gens qui l'occupent. Il ne faut pas se tromper sur les images de la rue qui renvoient une impression de charme et de vitalité, de vie intense et d'animation. Vivre dans la rue c'est n'avoir pas de hâvre, pas d'endroit où loger et préserver un confort; c'est se risquer sans cesse à la rencontre et à la recherche de travaux mieux rémunérés; c'est dépendre comme aucun bourgeois ne l'accepterait, de ce qui survient dehors, qui agresse ou rejette, retient ou abîme, donne ou reprend. Laissée à ceux qui ne dominent ni ne possèdent, la rue est, plus qu'un lieu de passage, une façon inévitable d'exister. On emprunte la rue pour chercher du travail, ou pour revendre quelque regrat à plus déshérité que soi; c'est du dehors qu'on attend de quoi vivre, et c'est là, dehors, que se tracent, visibles, les empreintes de ceux qui n'ont pas pignon sur rue.*

*Espace visible, la rue en quelque sorte révèle l'essentiel des corps et des choses. Au-delà des niveaux socio-économiques trop vite décelés par l'apparence extérieure, on surprend gestes, élans, liens, ruptures, habitudes et refus. La vie se fabrique ici, dans la rue, à coups de tendresse comme de violence. Il n'y a pas d'autre place que les lieux publics pour protéger ses secrets. Les maisons précaires ou insalubres sont elles-mêmes trop ouvertes sur le dehors, elles ne préservent guère, cachent à peine ce qui se vit à l'intérieur. L'intimité est une notion trop neuve : seules les classes bourgeoises commencent à l'utiliser et à en jouir. Ainsi se dessine un espace où n'existe pas de rupture réelle entre le dehors et le dedans. Pas plus qu'il n'existe de séparation nette entre travail et recherche, loisirs, vie affective ou badinage.*

*La rue des pauvres est un univers au visage complexe. Il faut la saisir dans sa misère comme dans sa force, ne pas la trahir en l'évoquant par une suite d'images sans relief. Il ne s'agit même pas de la reconstituer : elle se figerait instantanément, défigurée par les mots. Elle détient une cohérence interne, résultat de dynamiques particulières, nombreuses, contradictoires, et c'est pourquoi elle est sans cesse préoccupante pour les autorités. Elle est alors comme une rivière dont on surveillerait le flux, et dont les crues inquiéteraient. Ceux qui y vivent ont des comportements qu'elle leur imprime : ces gestes d'appartenance ou de refus ont leur symbolique, leur poétique même. Subie comme réalité quotidienne, vécue de façon difficile et parfois tumultueuse, la rue rend visible une population largement déshéritée, qui n'a pas d'autre lieu pour régler ses conflits, se défendre du pire, inventer le plaisir ou la rébellion.*

*Ce surgissement de vie et de misère, mélange confus de contagion et d'excitation, qu'est la rue parisienne au XVIII<sup>e</sup> siècle est source d'étonnement et de crainte pour les contemporains. Trop de vie, mal canalisée, fait peur. Il faudra bien que l'ordre urbain règne si l'on ne veut plus craindre de sortir le soir. Il faudra prendre le temps de réguler le flux, d'assainir l'espace pour qu'il soit praticable. Il faudra retirer la rue à ceux qui déjà n'ont pas grand-chose.*

*La rue est un événement grave, un lieu lourd et pesant, un espace de vie comme de mort : l'observer à travers ceux qui ne l'ont pas choisie et qui doivent, quoi qu'il en coûte, s'habituer à en tirer le meilleur parti, c'est d'abord comprendre pourquoi et comment cet espace est devenu leur lieu de vie.*

## I

## Espace privé, espace public

*Pour celui qui habite la ville dans des conditions précaires, la rue est à elle seule un refuge. Il l'occupe sans vergogne, tente de lui faire rendre tout ce qu'il en espère. Il attend d'elle des possibilités économiques, mais aussi son compte de plaisirs et de rencontres. La ville agit comme un mirage : celui de la fortune faite et des biens durables; la richesse s'y gagnerait dans la chaleur affective des amitiés.*

*Si l'espace est confus, les préoccupations des gens sont précises, et leurs activités ne sont désordonnées que pour l'observateur mal informé. En fait, c'est en parcourant la ville que se fait, pressante, la quête indispensable d'un semblant de stabilité : on bouge pour obtenir enfin un logement salubre ou un emploi. La recherche en tous sens des moyens de vivre n'apparaît désordonnée qu'à ceux qui ont déjà les moyens d'accumuler et un endroit pour conserver leurs biens.*

*Mais Paris, c'est d'abord une population pauvre, pour les deux tiers composée de migrants récemment venus de la campagne. Si le lieutenant de police de la ville décide soudain, obéissant aux injonctions royales, de vider la capitale de ses pauvres, errants et mendiants, la liste est longue de ceux qui ne sont pas nés à Paris et qui ont rejoint la ville récemment pour échapper au chômage endémique des campagnes. Ils sont arrêtés, déambulant dans les rues, accusés d'avoir importuné le passant en lui demandant du pain.*

### La pauvreté monotone

*Septembre 1770 : la garde du marché neuf fait son travail de la semaine :*

1er septembre 1770. Six heures du soir. Jean Baptiste Liepard, 46 ans, natif de Picardie, maneuvre à maçon sans ouvrage, est convenu demander, couchant rue de la Mortellerie depuis huit jours chez un logeur dont il ignore le nom. Trouvé rue Planche Mibray, avec

33 liards dans sa poche, il est écroué à la prison du Petit-Châtelet.

2 septembre 1770. Une heure de relevée. Marie Catherine Laporte, veuve de Gibert, vendeuse de fruits, âgée de 53 ans, a fait une soumission, logée à la nuit.

Jean Communier, 59 ans, natif de Ploërmel en Bretagne, logé rue de la Tannerie depuis deux jours. Il lui a été trouvé des morceaux de pain dans la poche et 4 liards.

Claude Leherle, 48 ans, natif de Mailly en Champagne, aveugle clair voyant, ayant une fleur de lis et laissé sa permission à la maison, couchant rue Molet chez un fruitier, avec un autre aveugle.

Tous trois écroués à la maison du Petit-Châtelet.

2 septembre 1770. Dix heures du soir. De poste au cimetière Saint-Jean et faisant ronde rue des Arcis, a arrêté au coin de la rue Vieille Place aux Veaux, une particulière raccrochante les passants laquelle a dit se nommer Françoise Biquier, femme de Alexandre, horloger, âgée de 28 ans, native de Namur, polisseuse en or, demeurant place Saint Michel, et ce pour la conduire à Saint Martin de police.

3 septembre 1770. Onze heures du matin. Jacques Mézières, 10 ans 1/2, natif de Paris, demeurant rue Sainte Marguerite, faubourg Saint Germain, chez le fayencier, arrêté rue neuve Notre Dame, trouvé demandant l'aumône depuis huit jours par ordre de sa mère pour avoir du pain.

Claudine Huot, veuve de Charles Olivier dit Garot, cordonnier, 61 ans, native de Bourbonne les Bains en Champagne, demeurante rue Galande chez Valotte aubergiste, est disconvenue demander l'aumône.

3 septembre 1770. 7 heures du soir. Gilles Fouchet, 15 ans, natif d'Ivetot en Normandie, à Paris depuis trois jours couchant au Lion d'Or dans une rue dont il ignore le nom. Est convenu demander pour acheter des brosses et une selle, et dans sa poche il s'est trouvé 32 liards. Envoyé à la Prison du Petit Châtelet.

4 septembre 1770. 10 heures du matin. Charles

Gaillot, 77 ans, natif de Dourdan, demeurant rue de la Mortellerie chez le sieur Dupuis courtier de vin, au 3e étage. Est convenu demander l'aumône dans les boucheries depuis sept semaines. Il s'est trouvé 17 liards dans ses poches.

4 septembre 1770. 10 heures du matin. Louis Joseph Mard, 53 ans, natif de Bourges en Berry, cuisinier sans condition, retiré à Bicêtre comme Bon Pauvre; il s'est trouvé dans ses poches une cuiller pour manger sa soupe.

4 septembre 1770. 7 heures de relevée. Jean Saint Denis, 45 ans, natif de Damery en Champagne demeurant à Montreuil chez la veuve Mardin, est convenu demander l'aumône depuis trois jours, et dans les poches s'est trouvé 6 liards et plusieurs morceaux de pain.

4 septembre 1770. Marguerite Roceyer, native de l'Auvergne, 69 ans, demeurant rue Clopin, demandant l'aumône depuis le 15 Mars, et dans ses poches s'est trouvé 120 liards et du pain. Conduite à la prison du Petit Châtelet.

7 septembre 1770. 7 heures 1/2 du soir. Frédéric Wentjes, 20 ans, natif de Clèves en Hollande, et compagnon ébéniste à Paris, depuis deux mois sans ouvrage, couchant depuis trois jours à Saint Gervais, n'ayant point d'ouvrage, est convenu demander l'aumône. Arrété rue Vieille du Temple et conduit à la prison du Petit Châtelet.

7 septembre 1770. 11 heures du matin. Pierre Picard, natif de Normandie, 12 ans, décroteur rue de Clichy, couchant dans l'écurie de la basse cour de Monsieur le baron d'Igny, intendant des postes. S'est trouvé 12 liards dans ses poches et du pain. Il est à Paris depuis six semaines.

7 septembre 1770. 7 heures du soir. Jean Baptiste Moulin, 26 ans, natif de Varennes en Clermontois, travaillant à la terre, arrêté rue du Temple. Il s'est trouvé dans ses poches 4 écus de six livres, des morceaux de pain et une cuiller de bois.

7 septembre 1770. 8 heures du soir. Etienne Michel,

17 ans, natif de Faussaucourt près de Laon, arrivé à Paris d'hier, couché la nuit dernière à Saint-Gervais, sans état ni domicile, arrêté rue du marché Pallu, demandant l'aumône. Conduit à la prison du Petit Châtelet pour répondre à la police.

Samedi 8 septembre 1770. 4 heures de relevée. Germain Fajot, 40 ans, natif de Bourgogne, arrivé à Paris Lundi dernier, couchant depuis à Saint Gervais, arrêté rue Saint Antoine, est convenu demander l'aumône et dans ses poches il s'est trouvé du pain et 35 sols.

Philbert Rotty, 15 ans, décroteur, natif de Châlons sur Saône, et sortant des prisons de Compiègne où il a été six semaines, à Paris depuis deux ans, couchant quai de la Ferraille, est convenu demander l'aumône et arrivé de Compiègne depuis huit jours. Conduit à la prison du Petit Châtelet.

Dimanche 9 septembre 1770. 9 heures du matin. Claude René Sainte Plaine, 15 ans, natif de Paris, logeant rue Mouffetard chez la femme Bourguignon, décroteur, allant chercher de la soupe aux Incurables et du pain aux Chartreux. Estropié du bras droit et de la main gauche depuis 3 mois.

9 septembre 1770. Cir Meuraton, 55 ans, natif de Rives en Auvergne, logé rue de Montreuil, faubourg Saint Antoine, chez le nommé de Gouve demandant l'aumône depuis hier pour acheter des souliers, estropié de la main droite. Il s'est trouvé 59 liards dans ses poches et des morceaux de pain.

*(Y 12705)* *

*La pauvreté est monotone. Comme sont monotones les motifs de la pauvreté. Ceux qui ont plus de chance, et qui ne sont pas surpris à mendier, sont aussi, pour la plupart, natifs d'ailleurs. Les plaignants pour vols ou pour violences, ainsi que les coupables parfois retrouvés,*

* Pour ne pas multiplier les références, on donnera désormais leur cote aux Archives nationales (série Y) pour tous les textes judiciaires.

*sont en majorité venus de la campagne. Pour ceux qui les regardent, les pauvres viennent d'ailleurs lorsqu'ils encombrent les rues et les places. Le voyageur contemporain n'échappe pas à ce cliché :*

Les riches et les pauvres sont partout les uns mélez avec les autres (...) cette grande ville regorge de ces gens, tellement qu'on ne sait presque plus que faire, pour se garantir de leur importunité (...) Je parle ici de cette sorte de mendians qui vont de porte en porte, ou qui demandent la charité à tout passant dans les rues. Car il y a encore une infinité de pauvres habitants qui ont de la peine de trouver le pain qu'ils mangent, sans toutefois sortir de la maison pour le demander. Or les susdits mendians ne sont pas tous de Paris, mais nombre de gens y viennent d'autre part et des provinces, dans la persuasion de trouver dans cette ville une subsistance plus aisée et plus riche, à cause de la multitude de ses habitants [8].

**Se loger**

*Trouver un logement, ou en chercher un, c'est se préoccuper d'un abri qui de toute façon ne fait guère échapper à la rue. Des gens logés, il y en a partout. Des logements précaires, il y en a partout. Impossible d'établir une limite entre le pavé de la rue et ses alentours bâtis. Comme si les logements se répandaient sur la rue et que les trottoirs ne faisaient que prolonger les allées d'immeubles. Ces frontières indécises surprennent l'observateur :*

Je ne sais par où commencer pour vous faire la peinture d'une ville dont les habitants sont logés jusque sur les ponts de la rivière et sur les toits des maisons (...) cette grande ville est le siège du tumulte [9].

*Bien sûr, tout dépend de l'endroit par lequel on commence la visite de Paris :*

*27 mars 1790.* Bientôt nous entrâmes dans le faubourg Saint Antoine; mais qu'y vîmes-nous? Des rues étroites, malpropres, boueuses, de méchantes maisons et des gens en haillons déchirés [10].

*Avril 1790.* Paris s'offre à vous comme une ville magnifique lorsque vous y entrez par la route de Versailles. Devant soi, on découvre des édifices avec de hautes flèches et des coupoles. A droite, la Seine coule auprès de grandes maisons et de jardins pittoresques. A gauche, une grande et verte plaine couverte d'innombrables moulins à vents, qui, en agitant leurs ailes, font l'effet à nos yeux d'une troupe volante de je ne sais quels géants emplumés, autruches ou aigles des Alpes. La route, large, égale, unie comme une table, est éclairée la nuit par des lanternes. A la barrière, la petite maison de l'octroi vous captive par la beauté de son architecture [11].

*L'amoncellement des logements dans certains quartiers pauvres de Paris est le simple produit du découpage de l'espace par les propriétaires d'immeubles qui veulent rendre toute parcelle utilisable, c'est-à-dire rentable. Les parcelles, on le sait, depuis un ouvrage récent sur l'architecture urbaine du quartier des Halles* [12]*, obéissent à un ordre réel; ce n'est absolument pas le cas du contenu des maisons construites sur ces parcelles, où de l'entresol à la soupente tout est habité au maximum. Lorsque, après la Révolution, certaines maisons seront estimées comme relevant des biens nationaux, les plans et les descriptions des immeubles témoigneront de l'exiguïté des appartements et de l'impossible intimité des logis.*

Estimation d'une maison rue Saint-Denis ayant pour enseigne « l'Ange gardien », dépendante du couvent des Célestins et louée à Monsieur Dutartre marchand mercier moyennant 7200 livres par bail passé le 29 octobre 1778 pour 9 années consécutives commencé le 1er avril 1783.

Elle a deux entrées, l'une du côté de la rue Saint-Denis, et l'autre du côté de la rue de la Chanvrerie. Outre la location de Monsieur Dutartre de 7200 livres, il y a une partie du corps du logis, sur la rue de la Chanvrerie, louée séparément par Messieurs les Célestins, à divers particuliers moyennant 702 livres, ces deux sommes forment un total de location de la somme de 7902 livres.

Cette maison est composée d'un corps de logis sur la rue Saint-Denis, double en profondeur, une cour ensuite, à droite de laquelle est un bâtiment en aile simple en profondeur et formant enclave sur le voisin. Au fond de la cour est un autre bâtiment simple en profondeur avec partie formant enclave sur le voisin à gauche.

Du côté de la rue de la Chanvrerie est un corps de logis double en profondeur, une cour ensuite à gauche en aile et au fond de la cour des bâtiments simples. [...] Le corps de logis sur la rue de la Chanvrerie est éclairé de 4 croisées, et élevé d'un rez de chaussée avec caves et doubles-caves, de trois étages quarrés, et d'un étage en mansarde, le comble est couvert en thuiles avec égout du côté de la rue, et chaîneau avec descente et cuvettes de plomb du côté de la cour, le rez de chaussée est appliqué à une boutique occupée par un menuisier, un passage de porte cochère, un magasin, deux escaliers et une remise.

La cour ensuite est pavée de pavés de grais avec racinaux et pente pour l'écoulement des eaux. Sur le bâtiment à droite est la manivelle d'une pompe dont les eaux proviennent du puits mitoyen.

Le bâtiment en aile à gauche est élevé d'un rez de chaussée et de trois étages quarrés, avec chambres prises dans le comble... ($Q^2$ 118.)

**Chambres et garnis**

*Celui qui ne peut avancer l'argent d'un mois de loyer ou même d'une semaine recherche plutôt les chambres louées à la journée, celles qu'on prend un matin et qu'on quitte le lendemain, si, par bonheur, mieux se trouve ailleurs. Les logements garnis tenus par un logeur, le plus souvent aubergiste, abritent à la fois la misère et le voyageur. Le propriétaire de l'immeuble confie à un locataire principal le soin de louer toutes les chambres et mansardes et remises et recoins de la maison à ceux qui peuvent payer quelques sols par jour. Les maisons sont davantage des passages que de stables étapes. La furtivité quasi clandestine de ces allées et venues en garnis inquiète assez la police, pour qu'il soit demandé à chaque logeur de tenir un registre de ceux qui vont et viennent. Le registre aide à la surveillance de cette population bancale et noire de pauvreté. Impossible à tenir en fait, il donne l'illusion de la fixité : puissance du mot écrit, trace réelle du passage des gueux.*

Relevé des livres de logeurs pour servir à l'état des chambres garnies pour le mois de Janvier 1773 [13].

| Noms des logeurs | Premier Département | Entrées | Sorties |
|---|---|---|---|
| Rue Montmartre | — Jean Charles Leloup domestique de Beaulieu | 11 | |
| Rolland | — Marie Anne Bonnard native de Manteuil fille de boutique | 3 | |
| | — Lafage et sa femme, domestique | 10 | |
| | — Joseph Rosset, domestique | 11 | 14 |
| Courtille | — Clotilde Robillard | | 29 |
| Hivert | — Bodlard et sa femme | 31 | |
| | — Louis Marie Chi- | 31 | |

| | | | |
|---|---|---|---|
| | cart, patissier de Pontoise | | |
| | — Geoffroy Scheralz, de Berlin, perruquier | 10 | |
| | — Jean Jacques Metyver de Seine, graveur | 13 | 16 |
| | — Jean François Buttau de Maubeuge, voiturier | 13 | 15 |
| | — Louis Bernard nègre de la Martinique | 26 | |
| | — Claude Garquis, de Pont à Mousson cordonnier | 31 | |
| Thibault | — Nicolas Jardinier domestique | 13 | |
| | — Gabriel Sevrin, garçon parfumeur d'Amiens | 25 | |
| | — La nommée Girard cuisinière de Longwy | 25 | |
| Rolland | — Mme Lavalette sage femme de Paris | 3 | |
| | — Marie Anne Bacq, ouvrière en linge | 4 | |
| | — Prêtre-curé de Chevillé le Rouge Anjou | 8 | |
| | — Gervais Pizotte vendeur de linge | 19 | |
| | — Defoy, domestique, Luxembourg | 25 | |
| | — Taret, laboureur d'Elleville | 17 | » |

*Refuge ou repaire, longue halte ou commodité de voyage, la chambre garnie n'a pas bonne réputation et la surveillance qui s'y exerce n'empêche pas la malpropreté. Louis Sébastien Mercier l'évoque souvent, avec l'indignation talentueuse de ceux qui jamais n'ont été obligés d'y passer une nuit.*

... Les chambres garnies sont sales [...] les lits malpropres, des fenêtres où filent tous les vents, des tapisseries à demi pourries, un escalier couvert d'ordures [...] un Anglais et un Hollandais qui se sont faits une jouissance de la propreté la plus délectable se trouvent couchés dans un lit affecté d'animaux incommodes [14].

*Nécessaire pour ne pas être trouvé endormi dehors et conduit en prison, le logement est cependant une réalité aux contours diffus pour la plupart des gens. Il protège du froid et des passages de la garde, sans pour autant dessiner un enclos privilégié nettement séparé du reste de l'espace urbain. On retrouve le soir son lit comme l'animal retrouve sa tanière. La comparaison vient spontanément aux nantis qui unissent les pauvres et les bêtes dans un même halo d'animalité menaçante. Reste que ces logements de fortune interdisent toute vie personnelle ou familiale : ils ne constituent pas, pour celui qui y vit, un espace approprié. D'ailleurs il n'est pas rare que les gens aient du mal à dire exactement où ils habitent, et quel est le nom de leur logeur. Il faut dire qu'ils déménagent souvent, poussés par la nécessité économique ou par des raisons plus personnelles, comme l'incommodité des lieux ou des voisins. Les logeurs se plaignent de ces déménagements au petit matin, faits en hâte, sans même payer la dernière semaine. A la cloche de bois, avec le risque d'être poursuivi par la police si le logeur choisit de se plaindre au commissaire. Ce qui n'est pas rare : les logeurs exercent un réel pouvoir sur leurs locataires et les moyens qu'ils emploient ajoutent parfois à la précarité des conditions de vie.*

Est comparu Jean Pierre Dutheuil, marchand forain, logé au Roulle chez un limonadier, rend plainte contre Ferret demeurant rue et porte Saint Honoré, y tenant l'hôtel du même nom garni, dit qu'il a logé deux mois chez Ferret, lui étant redevable de 48 sols, le dit Ferret est monté dans sa chambre où sa femme était seule, et lui proposa de jouir d'elle et qu'il ne lui demanderait rien pour le loyer. Que sur ce refus qu'il éprouva de la dite femme, il prit la clé de leur chambre, lui et sa femme demandèrent la clé, et ont dû attendre pour prendre dans leur chambre le pain qui y était, n'ayant point d'argent pour en acheter d'autre et y laissa ses effets sans rien emporter, et passant plus tard même rue le dit Ferret leur cria au voleur, et donna un coup de genou dans le ventre de sa femme enceinte de huit mois, et qui depuis ce temps est dans son lit en danger de sa vie, d'après la sage-femme et que le dit Ferret a fait emmené sa femme chez le commissaire *(Y 9836. 6 décembre 1775).*

*A d'autres occasions, le logeur semble très sourcilleux de l'honneur de ses habitants et leur mauvaise conduite est motif de discorde ou de mise à la porte :*

La nommée Lacombe, fille ouvrière en linge, de Metz, depuis Pâques chez Thomas, vis à vis du collège Louis le Grand, loge avec elle depuis deux mois une cousine de son nom, fille nouvellement accouchée, et toutes deux reçoivent habituellement la nuit, et couchent avec elles des garçons ouvriers d'un air assez suspect, ce que ce dit Thomas vient de reconnaître avec certitude, en conséquence de quoi il va donner congé à la dite fille Lacombe, pour la Saint Rémi prochain, de la chambre qu'elle tient de lui *(Y 13700. 7 avril 1776).*

### Un espace ouvert

*Ouvert sur la rue, le logement l'est davantage encore sur celui des voisins, avec une promiscuité de tous les instants qui provoque les indiscrétions et les discordes. Perméable aux autres et à leur même infortune, aucun secret ne peut être respecté. Tout se dit et tout se voit dans l'escalier ou sur le quarré *, tout*

* Palier ou balcon extérieur continu donnant sur la cour.

*s'entend derrière la porte et près du puits dans la cour. Tout y est public, l'obscénité comme l'indécence. Les familles entassées essaient au maximum de réduire l'intrusion d'autrui : c'est finalement dans la rue que déborde à toute heure ce flux de gens qu'aucun toit ne met réellement à l'abri. Les querelles de voisinage montrent si bien ce qu'est le logement des pauvres qu'on comprend mieux l'inévitable occupation de la rue. Car elle constitue finalement un lieu de relative liberté, d'actions et de loisirs, plus satisfaisant que l'inévitable mansarde aux odeurs nauséabondes, mal protégée de malfaiteurs plus pauvres encore que les locataires.*

Jeudi 16 novembre 1775, minuit. Il a été remis à la garde un particulier Jean Claude Lanoux, compagnon de rivière, demeurant rue de la Mortellerie, ayant été trouvé maison de la nommée Gonay, rue de la Mortellerie, dans la chambre de laquelle voulait entrer malgré elle.

Gabrielle Pacquin, femme Gonay, marchande de bierre sur le port au bled, étant couchée dans sa chambre avec sa sœur et ses enfants, en attendant le retour de son mari qui est allé souper en ville, elle a entendu frapper à sa porte et a cru que c'était son mari. Un particulier la traitant de garce et de putain s'est jeté sur elle et a déchiré son bonnet *(Y 9837).*

Dimanche 16 avril 1775, 9 heures du matin. Commissaire Gaillard. Est comparue la dame Marie Madeleine Locque, femme de François Mansion, cocher de la messagerie de Bordeaux, demeurante rue de l'Eperon, nous a dit qu'en revenant de la messe, il y a une demi heure et rentrant chez elle, elle ne ferma pas tout à fait la porte de sa chambre qui est au premier, que cela a déplu à la dite Jaudaire qui était dans l'escalier et qui lui a dit fort durement de la fermer, que la comparante ne l'ayant pas fait à cause de la fumée qui était dans sa chambre, la dite Jaudaire vint la fermer elle-même, elles se sont alors battues et mordues.

Information le 22 mai 1775 avec jugement en assignation de Thérèse Jaudaire, fille âgée de 36 ans, demeurante rue de l'Eperon, native du pays de Liège, domestique de Monsieur de Lafosse.

(...) à elle demandé si elle n'a pas fermé brusquement la porte de la femme Mansion, que cette dernière avait ouverte à cause de la fumée, et ne l'a pas ensuite maltraitée puis mordue à la main gauche.

(...) a dit que le dit jour, descendant de sa chambre pour entrer dans l'appartement de son maitre, elle a rencontré sur l'escalier deux personnes qui demandaient à parler au sieur de Lafosse, qu'elle a été un instant parler avec eux, et que la femme Mansion s'est mise à côté de la porte de sa chambre pour écouter ce qui se disait, et qu'elle a alors allongé le bras pour fermer sa porte en disant : je ferme la porte parce que je suis en affaire pour un instant, que la dite femme Mansion a répondu par des jurements infâmes et lui a arraché les cheveux *(Y 9828).*

Est comparue demoiselle Petronille Raison, demeurante montagne Sainte Geneviève, laquelle nous a dit qu'elle demeure depuis 9 mois dans la maison du sieur Levier, que sans connaitre la dame Feuillade, dont le mari est maitre à danser, ni la femme Loquin sa sœur, au mois de Mai dernier, passant dans le quarré elle a été insultée par la femme Loquin qui a un chien d'une taille assez forte, le chien a aboyé, elle a cherché à l'écarter en lui donnant un coup de pied, que la femme Feuillade lui a crié qu'elle était une gueuse, une putain, qu'il fallait lui donner des coups, et la dame Feuillade lui en a porté et lui a jeté le pain qu'elle portait et que son mari l'encourageait en disant que c'était bien fait.

Louis Milot, garçon cordonnier, 26 ans, rue Judas, paroisse St Etienne du Mont, dépose que comme il travaille chez le cordonnier rue Montagne Sainte Geneviève, il a entendu du bruit dans l'escalier et a vu la femme Feuillade qui insultait la demoiselle autre locataire *(Y 9826. 27 février 1775).*

### La promiscuité

*Il est rare de pouvoir garder un secret dans ces maisons aux cloisons trop minces, aux portes qui laissent passer les bruits et les courants d'air. De l'escalier on entend les cris et les injures, les rires et les gestes de tendresse. La rumeur naît de cette perméabilité et circule rapidement à l'extérieur.*

Jean-Baptiste Denis Letellier, marchand chapelier à Paris, demeurant rue Jean Robert, se plaint contre sa femme, Louise Victorine Herbel, de sa conduite scandaleuse en son absence, qu'elle est devenue le scandale du quartier.

François Jean Everickx, compagnon chapelier, demeurant rue Grenetat, 60 ans, dépose que cela est tout à fait à sa connaissance, qu'il l'a même entendu dans sa chambre jouir et dire en même temps : ne criez pas, mais allez donc doucement *(Y 9946).*

*Cloison mince, femme scandaleuse. Voisins aux fenêtres, locataires indélicats.*

Est comparue Jeanne Rodimbourg, veuve de Charles Jacques Dherbe, soldat, elle faiseuse de ménage, rue Maçon, paroisse St Séverin.

Depuis longtemps, les voisins de la maison font leurs ordures dans l'allée de la maison, ce qui cause une infection insupportable, qu'elle a remarqué que c'était Blanchetier, maître perruquier, demeurant même rue en face, avec ses garçons, qui vient le plus souvent malgré les deffenses qu'elle a faite, et c'est elle qui est chargée par le principal locataire d'y veiller.

Aujourd'hui, 7 heures du soir, en sortant elle aperçut le garçon perruquier de Blanchetier et lui a fait des recommandations, il s'est moqué d'elle, et ensuite Blanchetier lui-même est venu faire ses ordures de la manière la plus indécente. Il l'injuria : servante, bordel, putain, l'a prise par les cheveux, et l'a jetée dans le ruisseau en lui donnant des coups de pied et coups de poing sur la tête.

Jugement en assignation de Jean Blanchetier, 39 ans, maître perruquier natif de Rennes en Bretagne, demeurant rue Maçon paroisse Saint-Sulpice, le 7 août 1775 :

(...) a dit que ni lui ni les gens de sa maison n'ont l'habitude de jeter leurs ordures dans l'allée, encore moins de faire leurs besoins, que quelquefois il a lâché de l'eau, étant donné qu'il y a une rigole, dans son allée il n'y en a point et que le 19 Juin alors qu'il lâchait de l'eau elle a sauté sur lui en disant : Jean foutre, mâtin, tu viendras donc toujours pisser dans cette allée *(Y 9891. 19 juin 1780).*

*Le logement et la rue se mêlent l'un à l'autre sans qu'on sache exactement où commence l'espace privé et où finit l'espace public.*

**L'atelier et l'étal**

*Même le travail a la rue pour témoin ou comme compagne. L'atelier déborde sur le trottoir, la boutique communique sur la rue, l'arrière boutique sur la cour, les petits métiers se logent en chaque encoignure de maison ou autour des fontaines, dans le creux des chevets d'église. Les garçons de boutique vont et viennent porter et chercher les commissions, dans l'escalier courent les porteurs d'eau, les revendeurs bloquent le passage pour s'assurer meilleure vente.*

Le sergent de poste a été requis de se transporter à la descente du pont Notre-Dame, où une infinité de revendeuses de fruits étalent leurs marchandises, au mépris des différentes ordonnances des magistrats de police rendues pour faire cesser les embarras qu'elles occasionnent à la voie publique et aux boutiques qu'elles masquent, et y a été arrêté l'une d'entre elles qui a maltraité d'un coup de maillet un perruquier qui l'a voulu renvoyée.

Elle a dit se nommer Elizabeth Vallentin, 21 ans, native de Paris, marchande de fruits, demeurante rue Saint Victor, et a été conduite à la Prison du Grand Châtelet pour y être écrouée *(Y 9832. 1^er^ septembre 1775).*

Sont comparus Silvain Canot, compagnon maçon, et Jeanne Etiennette Gardot, sa femme, demeurants rue des Amandiers, paroisse Sainte Marguerite, et ont rendu plainte contre Chéron, cordier, sa femme et sa fille, demeurants même rue et même maison.

Le matin, étant à la porte, et ayant une table et des fruits en étalage, la dite fille Chéron est venue lui reprocher d'avoir volé du raisin, que le père et la mère sont tombés sur elle, et l'ont violemment maltraitée à la tête, desquelles blessures elle ressent de très vives douleurs *(Y 9832. 10 septembre 1775).*

*Le travail ne se fixe pas dans les espaces clos, et n'immobilise guère les compagnons ou les apprentis. S'il n'est pas ambulant, il se fait fenêtres et portes ouvertes sur le pavé. Les travaux des jours traversent les autres espaces de leur mobilité, gage d'un meilleur gain.*

*Le chevauchement des espaces et des fonctions est saisissant, les fenêtres guettent la rue ou l'interpel-*

*lent, les ruelles mangent les maisons : tout ou presque se rejoint dans un même bruissement de vie où se préparent sans cohérence des lendemains agacés à travers un quotidien toujours difficile.*

### Le plaisir et la violence

*Les logements enferment si peu d'intimité que la rue où l'on vit parvient de temps à autre à donner cette illusion de douceur que la maison refuse. On y fait des rencontres hasardeuses ou furtives qui procurent de hâtifs bonheurs d'un moment. Quelques amours rapides naissent et meurent sans que le temps y ait mis réellement sa marque. On fait parfois l'amour dehors, avec la hâte de ceux qui vivent à découvert, paradoxalement protégé par le tumulte d'un espace toujours en mouvement. Pas toujours à l'abri de la garde et du guet qui pourchassent ce qu'ils appellent les indécences, ces gestes instinctifs et rapides du désir et de l'accouplement qui se font d'autant plus pressants que tout ce qui environne a simultanément couleur de vie et couleur de nuit.*

27 novembre 1784. 10 heures du soir. Louis Dominique Boquin, sergent de la garde en patrouille extraordinaire, a arrêté rue Grange aux Belles, Jacques Garbel, peintre en porcelaine, demeurant faubourg Saint-Denis, et Marie Vallon, couturière, demeurant rue des marais, faisant des indécences dans un marais écarté.

Ils sont relaxés avec deffenses de récidives sous peine de prison *(Y 15497).*

*« Faire l'amour sur l'herbette », cela se fait et cela se chante aussi, aux guinguettes où l'on va se promener le dimanche, trinquer et danser jusqu'au petit matin.*

Entre Saint-Denis et le cours
On y fait l'amour,
C'est à cet aimable séjour
Qu'on nomme la guinguette,
Ce joli détour
Est tout plein d'amourette,
Un bon garçon l'autre jour,
Pour faire sa cour
Y viens jouer au jeu d'amour
Avec Dame Marine,
S'écriant, Retour,
Tu vaux mieux que Matine [15]. »

*Chanson à boire qui masque en fait une réalité bien plus étouffante où le sentiment n'est pas toujours roi, et où la hâte obligée ne permet guère le badinage des corps et des cœurs. D'ailleurs il sont assez nombreux à être arrêtés dans la rue pour ce motif; et même si la justice ne semble pas trop sévère, il n'est jamais bon de se retrouver en prison fût-ce pour un jour ou deux : les conséquences sont toujours graves.*

*Dans la rue il y a l'amour parfois, des gambades et des cabrioles dans les marais et les faubourgs, du plaisir pris à la sauvette, toujours menacé d'être interrompu.*

2 avril 1775. 7 heures du soir. Commissaire Rolland.

Sont comparus : Claude Ménard, étudiant en chirurgie, et René Méchiraud étudiant en chirurgie, paroisse Saint-Séverin, qui se promenaient il y a deux heures sur le chemin de la maison blanche, et ont aperçu plusieurs particuliers qui étaient avec une fille et commettaient des indécences, que comme ils portaient cette fille en relevant ses jupes et en mettant leur tête par dessous, les comparants en ont ri, que les dits particuliers se sont approchés et les ont insultés en les traitant de foutre polisson et de foutu gueux, et se sont jetés sur eux.

Thiery Michel apprenti doreur sur bois, 19 ans, natif

de Vitry le François demeurant à Paris rue du faubourg St Antoine reconnait s'être querellé. Jacques Bellanger, compagnon doreur, 20 ans, natif de Paris, demeurant au pont Saint-Michel, déclare n'avoir point participé à la querelle.

François Laurent, compagnon bijoutier, 21 ans, natif de Rouen, demeurant à Paris pont Notre-Dame, passant avec une fille nommée Allard et comme il jouait avec elle, les autres lui ont parlé, mais déclare n'avoir point fait querelle *(Y 9827).*

*Dans la rue, ni plus ni moins protégés que sous les toits, se font l'amour et les rencontres; l'agression aussi et la brutale prise de possession de l'homme sur la femme. Si c'est ici que la vie se fait, elle n'échappe ni à la complexité ni à la dureté des rapports de force. La servante qui subit sa condition de femme soumise sous le toit du maître, la subit aussi sur le trottoir quand il entend soudain jouir d'elle, sans pudeur mais à l'abri des sarcasmes des siens ou des voisins.*

Est comparue Elizabeth Huré dite Desmarais, 17 ans, demeurant faubourg Saint-Martin, rue des Marais, chez la femme Libret sa sœur, nous a dit qu'elle est entrée chez le dit maître en qualité de fille domestique [...] qu'il l'obligea d'avoir commerce avec lui, et pour qu'on ne s'aperçut de rien le dit Lemaître engageait sa femme d'envoyer la dite Babet dans sa chambre, jouissait d'elle à chaque fois, que ce manège et ce commerce durèrent trois semaines, qu'après cela Lemaître lui dit : Babet, il faut sortir d'icy, nous sommes trop gênés je ne pourrai pas aller promener avec toi quand je le voudrais; qu'elle a été logée dans l'auberge sur ses ordres, munie d'un écu de six livres, qu'étant dans l'auberge le dit Lemaître lui indiquait des rendez-vous de se trouver tous les soirs près de l'hôpital Saint-Louis, que chaque fois qu'elle y allait, elle y trouvait Lemaître qui l'emmenait faire des tours de rue jusqu'à 10-11 heures du soir, et jouissait d'elle dans les dites rues, quand elle refusait, il la frappait avec sa canne, que ce commerce dura quatre mois *(Y 9827. 18 mars 1775).*

*La rue ne transforme pas la situation des gens; elle recueille, tel un déversoir de fortune, le trop plein de vie qui s'écoule du dedans. Heurs et malheurs aboutissent là comme les eaux sales qui s'échappent des cours d'immeubles. Le flot est vivant, rapide, tumultueux; il traverse tout, mansardes, ponts, fossés, escaliers, places de marchés. Il va et vient de partout, on sait pourquoi maintenant : moyen obligé de vivre, la rue est l'espace essentiel des pauvres.*

## II

## La rue des pauvres

*Lieu de départ, passage forcé ou brutal point de chute, la rue que vivent les pauvres ne cache pas ses contrastes. Elle ne privilégie ni le bonheur ni le malheur, n'assure en vérité aucun des deux, mais rend visible une réalité hétérogène et paradoxale. Ses visages multiples fabriquent une cohérence surprenante : celle d'une pauvreté sans masque. En tout cas, rien de délibérément construit pour organiser une apparence bien définie. A vouloir en isoler chaque aspect particulier, on appauvrit nécessairement la perception de l'espace humain. Pour donner une idée globale de cette réalité, il faut entreprendre un tout autre voyage. Car rien de ce qui fait la rue ne peut se vivre séparément, tout s'appréhende simultanément : le carnaval et la misère, l'effervescence animée des hommes et la fixité tragique de leur destin. Saisi par l'effusion en même temps que par trop d'injustice, flétri par la violence comme par le vacarme, on y connaît aussi la faim et encore la solidarité rapide, épidermique des jours d'émeute. Le temps passé à vivre rassemble la grandiose mascarade et l'infinie misère que les clercs disent naturelle. Pour l'équilibre de la société, il faut qu'existent des pauvres, énonce le docteur Hecquet dans un ouvrage sur les maladies des Pauvres.*

*Tout s'y mêle; rien n'y est jamais prévisible. La rue est traversée par tant d'événements à la fois que rien, au premier regard, pourrait n'y paraître essentiel. Il faut pourtant apprendre à lire chacune de ces scènes, l'évidence massive aussi bien que le détail, comme le seul langage des pauvres. Ils font la rue, et la rue les fait. C'est en partant des événements vécus par ceux de la rue et par eux racontés, qu'on peut le mieux appréhender ces moments.*

**Un environnement agressif**

*La rue malmène son monde. Les rares descriptions de visages transcrites par les greffiers trahissent la faiblesse d'une population abîmée dans ses corps :*

... Agée d'environ 36 ans, taille 5 pieds, 1 pouce, visage maigre et long très coloré, nez gros et bourgeonné, yeux noirs et grands à fleur de tête, cheveux et sourcils noirs, la bouche très grande, ayant la mâchoire supérieure très avancée *(Y 15117).*

*Des visages souvent sans harmonie, des traits grossièrement ébauchés comme si les corps devaient sans cesse mener de pénibles luttes, comme si l'environnement extérieur les entaillait profondément dans leur chair et bouleversait avec rudesse l'équilibre de leurs forces et de leurs formes. Des corps parfois estropiés ou déformés, rendus fragiles par la maladie, par des conditions de travail insécures et de logement mal-*

*saines. Ce n'est pourtant pas un peuple d'ombres qui habite Paris car il détient en même temps des forces vives dans l'expression spontanée comme dans la résistance; mais c'est un peuple violenté par sa vie et son espace, et qui réagit même dans son apparence physique à sa situation quotidienne.*

*A la maladie, les corps n'opposent guère de défense. Grippe ou épidémie plus grave entament vite les forces de chacun et c'est souvent de faiblesse qu'on se trouve mal dans la rue. Paris en 1743 :*

Il règne, cet hiver, une maladie générale dans le royaume, qu'on appelle grippe, qui commence par un rhume et mal de tête : cela provient des brouillards et d'un mauvais air. Depuis quinze jours, même un mois, il n'y a pas de maison, dans Paris, où il n'y ait eu des malades; on saigne, et l'on boit beaucoup, d'autant plus que cela est ordinairement accompagné de fièvre; on fait prendre aussi beaucoup de lavements. On guérit généralement après quelques jours; les gens âgés sont plus exposés que les autres [16].

*Les pauvres sont plus exposés que les autres. Ceux qui parfois s'évanouissent sur le trottoir ou au cabaret...*

Le sergent du guet, de poste au Grand Châtelet, a été requis pour conduire un particulier qui s'est trouvé mal plusieurs fois chez un marchand de vin, le dit particulier nous a dit se nommer : Louis Armand, marchand mercier, demeurant rue St Antoine, et a été remis au cocher de la voiture 19 pour être reconduit chez lui *(Y 15117. 18 avril 1783).*

Le sergent de poste au Marché neuf a été requis de se transporter rue St André des Arts au sujet d'un particulier qui s'est trouvé mal dans une allée et a dit se nommer la Fleur, cordonnier de 19 ans, natif de Senlis, il a été remis à son maître cordonnier. *(Y 12705. 3 février 1770).*

Guillemette, fille de Pierre Poirier et Geneviève

Marion, 49 ans, native de l'évêché de Rennes, pour être conduite comme malade à l'Hôtel-Dieu.

Julienne Suzanne Lienart, fille de François Lienart, conduite à l'Hôtel-Dieu *(Y 12705. 19 juillet 1770).*

*Mais la maladie vénérienne, fléau évident, signe de débauche comme de pauvreté, fait bien plus peur. Cette tare souvent visible et terriblement contagieuse peut au moins être imputée à une conduite malhonnête plutôt qu'à la malchance. Les épouses et les mères en parlent assez souvent, car elles tâchent d'en protéger leurs enfants. Il n'est pas rare en effet que les garçons de boutiques ou les apprentis qui jouent avec les petites filles dans les arrière-cours procèdent à des attouchements qui parfois transmettent « la maladie ». Les « petites filles gâtées » de 5 ou 6 ans dont les parents portent plainte devant le commissaire sont finalement assez nombreuses : leur maladie est une trace de la promiscuité constante en ces lieux qui permettent aussi les caresses prises ou imposées à la sauvette, même sur des enfants.*

Sont comparus Jeanne Besque, femme de J. Mortier, compagnon serrurier, elle ouvrière en linge, demeurante avec son mari rue N. D. de Nazareth, paroisse N. D. des Champs. Il y a trois semaines, sa fille, Anne, 9 ans 1/2, s'est plainte d'avoir mal en urinant, elle n'a d'abord pas fait grande attention, mais a vu ensuite qu'elle avait les parties naturelles très enflées, elle lui a dit que c'était un particulier nommé Jubert, qui demeure sur le même quarré d'elle, qui l'avait fait coucher à terre sur le carreau de son cabinet, et lui avait fait beaucoup de mal à sa partie naturelle, en disant que si elle prévenait sa mère, il la couperait par morceaux, et la jetterait dans la rivière, alors elle l'a menée à l'Hôtel-Dieu où on lui a dit que sa fille avait été forcée par un homme au mal vénérien, dont la petite était maintenant atteinte *(Y 9835. 14 septembre 1775).*

Un soldat du guet a aperçu sur les Champs-Elysées trois personnes qui se battaient l'épée à la main, et les a arrêtés pour les conduire au Petit Châtelet.

Delocque, employé aux fermes, 30 ans, [...] à lui demandé s'il n'est pas blessé puisqu'il a une tache à sa culotte. [...] a dit que cela tient d'une incommodité qui lui est survenue d'avoir vu des filles *(Y 9829. 11 juin 1775).*

Marie Marguerite Maran, femme du nommé Carré, garçon chandelier, demeurant rue Saint Martin, maison de Royer papetier, laquelle a rendu plainte contre son mari et dit que depuis qu'elle a eu le malheur de l'épouser, il n'est sortes de vexations qu'elle n'ait éprouvé de sa part, que depuis le 10 janvier qu'elle l'a épousé, elle est affectée du mal vénérien qu'il lui a donné, qu'il n'est point d'exemple de son libertinage, ne cessant de fréquenter des filles de débauche, et pour y subvenir vend et engage leurs effets *(Y 15497. 14 juin 1786).*

Plainte par la dame Jeanne Guichard, femme Claude Marie Gayet, coiffeur, demeurante à Paris rue du Louvre, elle demeurante actuellement et depuis 15 jours rue St Pierre, hôtel de la Providence, paroisse St Eustache, contre Gayet son mary, laquelle nous a dit qu'elle est mariée depuis 15 ans, ce dernier emporté par une passion effrénée pour les femmes avait contracté nombres de mauvaises connaissances [...] il a eu une maladie vénérienne qu'il a communiquée à la plaignante [...] qu'il la maltraité journellement [...] veut obtenir contre son mary de tout ce dont elle a droit *(Y 13819. 4 juillet 1788).*

### L'accident

*Autant que la maladie, l'homme de la rue doit se préserver des accidents. Leur menace est omnipré-*

*sente, sur les lieux du travail, au hasard des flâneries.*

A la suite des accidents auxquels on est exposé dans la capitale, se joignent des circonstances non moins douloureuses. Le peuple qui s'assemble et qui donne mille avis contraires, embarasse le malheureux blessé. Le brancard qu'il faut aller chercher n'est pas sous la main; le commissaire qu'il faut trouver est loin; le procès-verbal à rédiger ne s'achève pas; la lenteur de ces cruelles formalités [...] fait que l'infortuné périt avant que d'être arrivé à l'hôpital.

Qui n'est pas exposé à être blessé dans ces rues tumultueuses? Une tuile, un carosse, une poutre branlante, un marteau de maçon, un cheval, un chien danois, un porte-faix sourd et muet, vous font plaie, bosse, contusions, fracture. [...] de sorte qu'un homme dangereusement blessé se trouve à la merci du peuple et s'il n'est pas reconnu, ou s'il n'intéresse pas quelque bonne âme, il voyage douloureusement au corps de garde, du corps de garde chez le commissaire, de chez le commissaire à l'hôtel-dieu [17].

On vient d'établir dans tous les corps de garde des civières ou brancards garnis d'un matelas [...] de même on trouve chez le commissaire de quartier des bandes, des compresses, de la charpie [...] car marcher dans Paris toute la journée pour ses affaires, c'est aller pour ainsi dire, à l'assaut [18].

*Marcher dans Paris c'est « aller à l'assaut » et c'est recevoir l'assaut. Assaut inégal de toute façon : les petites gens y sont, c'est sûr, plus agressés que les bourgeois.*

Le sergent, de poste au marché neuf, a été requis de se transporter pour un particulier blessé par un carosse de place, Pierre Fleurant, compagnon imprimeur, demeurant rue de la Licorne, remis à sa femme pour le conduire chez lui *(Y 12705. 2 avril 1770).*

Comparaît le sergent de la garde, transporté rue des Vieux Augustins où il a arrêté un cocher à la réquisition d'un capitaine de grenadiers qui se plaignait contre lui, a dit que passant il y a 2 heures au coin de la rue Montmartre il a été poussé et précipité dans les pierres d'un bâtiment, revenu de l'étourdissement que cela lui a donné, il a porté un coup de canne au cocher pour l'obliger à se détourner ce qu'il n'a voulu faire, le cocher lui a porté plusieurs coups de fouet *(Y 9824. 11 janvier 1770).*

Plusieurs particuliers sont venus se plaindre qu'un particulier auvergnat, venant par la rue Mouffetard de vers la barrière et étant monté sur un cheval, s'exposait à blesser les passants en faisant caracoler son cheval qu'il avait peine à contenir, que ce particulier, venant à passer aussitôt devant le corps de garde, lui comparant s'est présenté pour le faire descendre et a reçu des coups de fouet, des injures *(Y 9827. 18 avril 1775).*

Antoine Bouchardey, dit Clermont, cocher de Bertrand, demeurant rue de Paris, a rendu plainte et dit que vers 7 heures 1/2 du soir, étant boulevard du Temple sur le siège de son carosse, menant son maître à la file de plusieurs autres carosses, un particulier, vêtu de rouge, lui a dit prends garde à ton fouet et lui dit qu'est ce qu'il vous fait, l'autre répond : ne raisonne pas et lui porte un coup de canne. Alors il riposte, en donnant un coup de fouet au visage, que dès ce moment un autre particulier vêtu de rouge lui a alors porté un coup d'épée sur la poitrine, et lui a percé la mamelle droite.

Rapport des médecins :

— crachats d'écume sanguinolente,
— nécessité de le saigner abondamment,
— est en très grand danger de perdre l'air *(Y 9829. 1er juin 1775).*

A amené deux particuliers, dont un nègre, qu'il a arrêté pour avoir gratuitement maltraité à coups de canne un cocher de place, J.B. Colin, conduisant un carosse, N° 59, marqué de la lettre R, appartenant à la femme Deborde, loueuse de carosse, demeurante chez elle, faubourg du Temple, traversant la rue du Temple avec son carosse comme il y avait plusieurs personnes qui passaient, il a crié gare et les deux particuliers arrêtés sont venus sur lui et lui ont porté des coups de canne à toute outrance, l'ont jeté à bas, terrassé, puis assommé *(Y 9837. 11 septembre 1775).*

Le sergent de la garde, à la réquisition d'un brigadier des pompes, s'est transporté au bas du Pont au Change, au puisard des porteurs d'eau, à l'occasion d'un porteur d'eau qui était tombé dans l'eau et dont on l'a retiré, et fait transporter à son poste. Pierre Vallet, 48 ans 1/2, porteur d'eau demeurant rue des Filles Dieu porte Saint-Denis, en voulant puiser un seau d'eau le pied lui a manqué il est tombé dans le trou, demande à retourner chez lui et non d'aller à l'hôtel-dieu vu qu'il n'est point blessé, remis à Marie Elisabeth Vallet femme de P. Broche sa sœur qui s'en est chargée *(Y 15117. 17 décembre 1788).*

**Les dangers du fleuve**

*Espace plus hors-la-loi que les autres, parce que difficile à surveiller — les rives sont longues et le fleuve bien passant —, la Seine est lieu de transgressions : c'est un endroit où il est facile de camoufler, derrière le remue-ménage des allées et venues portuaires, bon nombre d'activités peu recommandables. Indispensable à l'approvisionnement de Paris, le fleuve aux rives encombrées attire une foule considérable et provoque de nombreux accidents.*

Il faut être très bien sur ses gardes en passant de jour les rues de Paris. Outre la grande foule de ceux qui nous rencontrent à pied, et qui s'entrechoquent quelquefois, il y a là aussi l'embarras d'un nombre indicible de carosses et de fiacres qui roulent çà et là jusqu'à la nuit serrée [...] Il faut avoir l'œil de tous côtés...

La Seine qui traverse cette ville, doit entraîner quantité de corps morts, qui abordent quelque part au bas de cette rivière. Il vaut mieux donc de ne s'arrêter trop longtemps nulle part, mais de s'en retirer à quartier de bon heure [19].

*La lecture des registres de la Basse Geôle (c'est-à-dire de la Morgue), tenus par les médecins et chirurgiens du Châtelet, ne dément pas Nemeitz. Non seulement des cadavres dérivent le long des eaux, arrêtés parfois aux piliers des ponts, mais souvent les barques ramassent des lambeaux de corps, des bras, des jambes. Les médecins, anatomistes et étudiants, n'hésitent guère, après leurs expériences médicales et clandestines, à tout jeter à l'eau. Le fleuve prend souvent des allures de charnier.*

16 août 1782. De l'ordonnance de Mr le lieutenant criminel sur la réquisition de Mr le Procureur du Roi, nous avons vu et visité dans la Basse Geôle de cette cour, un fœtus féminin d'environ 7 mois de conception, que nous estimons être mort avant la part.

De l'ordonnance de Mr le Lieutenant criminel sur la réquisition de Mr le Procureur du Roi, nous avons vu et visité dans la Basse Geôle de cette cour, un cadavre masculin âgé d'environ 30 ans, auquel nous n'avons trouvé ni plaie ni contusions, mais aux signes qui nous sont apparus, nous estimons que le dit particulier a été suffoqué par les eaux.

17 août 1782. De l'ordonnance de Mr le Lieutenant criminel sur la réquisition de Mr le Procureur du Roi, nous avons vu et visité dans la Basse Geôle de cette cour,

un cadavre masculin âgé d'environ 40 ans auquel nous n'avons trouvé aucune plaie ou contusion, nous estimons que le dit particulier a été suffoqué par les eaux.

19 août 1782. De l'ordonnance de Mr le Lieutenant criminel sur la réquisition de Mr le Procureur du Roi, nous avons vu et visité dans la Basse Geôle de cette cour, un cadavre masculin qu'on nous a dit s'appeler Nicolas Maret, cordonnier, auquel nous n'avons rien pu reconnaître, tant il est pourri et défiguré mais aux signes qui nous sont apparus nous estimons qu'il a séjourné longtemps sous les eaux.

21 août 1782. De l'ordonnance de Mr le Lieutenant criminel sur la réquisition de Mr le Procureur du Roi, nous avons vu et visité dans la Basse Geôle de cette cour, un cadavre féminin qu'on nous a dit être celui de la femme Denise Close, 26 ans, nous estimons qu'elle a été suffoquée par les eaux.

... un cadavre masculin que l'on nous a dit s'appeler Béart, nous estimons qu'il a été suffoqué par les eaux.

... un cadavre masculin d'environ 45 ans, auquel nous n'avons trouvé ni plaie ni contusion mais aux signes que nous avons vus, nous estimons que le dit particulier est mort d'apoplexie terreuse.

31 août 1782. ... un cadavre masculin d'environ 25 ans, auquel nous n'avons trouvé ni plaie ni contusion, mais aux signes qui nous sont apparus, nous estimons que le dit particulier a été suffoqué par les eaux.

... un enfant masculin âgé d'environ 3 mois, auquel on a coupé la tête, que nous estimons avoir servi aux démonstrations anatomiques et avoir séjourné sous les eaux.

3 septembre 1782. ... un cadavre masculin âgé d'environ 50 ans, auquel nous avons trouvé un épanchement sanguinolent dans les ventricules du cerveau, que nous estimons avoir été causé par une chute quelconque et avoir entraîné la mort *(Y 10643)*.

*La liste funèbre s'allonge. En outre, essentielle à la vie de Paris, l'eau attire auprès d'elle quantité de menues activités. Les blanchisseuses y frappent le linge et y disposent leurs étendoirs, interminables; les porteurs d'eau s'y ravitaillent rapidement avant de repartir dans les étages. Les berges accueillent les guinguettes et les auberges, et les passeurs font traverser qui veut, sans arrêt, dans de lourdes barques. Bien sûr, c'est l'activité portuaire qui domine le tout. Paris au* XVIII^e^ *siècle est un grand port, et sur les chantiers d'embarquement et de débarquement s'embauchent pour un temps tous ceux qui n'ont pu trouver ailleurs de quoi travailler. On y vient travailler aux arrivages de bois flotté sur le fleuve.*

On voit arriver ces longues masses de bois appelées trains, qui ont jusqu'à 250 pieds de longueur, que conduisent seulement quatre hommes, et on admire avec effroi leur intrépidité à l'approche des ponts dont ils enfilent les arches [...] Il faut un nouveau travail pour déchirer ces trains. Des hommes, tritons bourbeux, vivant dans l'eau jusqu'à mi-corps, portent pièce à pièce sur leur dos tout ce bois humide qui doit être brûlé l'hiver suivant [20].

*Tout peut arriver sur ces rives dangereuses où se croisent tant de gagne-deniers et d'ouvriers et où s'installent à la sauvette quantité de petits trafics désordonnés. Il règne d'ailleurs une criminalité spécifique, celle du bord de l'eau où une prostitution précaire se mêle aux vols de linge et aux rixes. La police mal organisée ne parvient jamais à assainir l'atmosphère des berges ni même à alléger une circulation incessante et meurtrière.*

Depuis ma résidence à Paris (en 1754), (...) j'ai toujours remarqué que la Police y était mal organisée... [il faudrait] éviter les engorgements de voiture sur les quais où on est exposé continuellement à des querelles fréquentes entre chartiers, à perdre des hommes, des chevaux et du temps.

... Il serait aussi nécessaire de détruire tous les bureaux et échopes qui sont sur les ports et qui ne servent actuellement que pour favoriser les mal-intentionnés, augmenter la garde du Port et avoir deux corps de garde sur le quai, l'un près de la rue de Seine, l'autre près de la rue des Fossés Saint Bernard [21]...

*Dans ce tourbillon, l'ouvrier du bois dérape sans bruit, la blanchisseuse se penche trop fort pour rattraper le battoir à la dérive, le porteur d'eau s'enfonce trop loin, l'ivrogne ne sait plus où le portent ses jambes engourdies; alors c'est l'accident. Les secours aux noyés obéissent à un règlement minutieux et dérisoire.*

Lettre écrite par Monsieur le lieutenant général de police :

On m'assure qu'il arrive quelquefois, que des gens de rivière, au lieu d'aider à sauver les personnes qui se noient, éloignent leur secours par le petit bénéfice qu'ils trouvent au transport de cadavres lorsqu'on les retire de l'eau [...] Je vous prie de parler de la résolution où je suis, d'accorder une gratification quoique modique à ceux qui ont secouru des personnes qui se noyaient *(Y 13728).*

*Le Bureau de la ville tiendra les comptes exacts de ses allocations aux sauveteurs. Il devra augmenter petit à petit ses gratifications, pour que soit sauvé le maximum de personnes. Faut-il s'étonner de la cruauté de cette comptabilité [22]?*

11 janvier 1779. 8 heures du matin. Balthazar Fromentin, gagne-deniers, 60 ans, ayant passé sur la glace du bord de la rivière à un bâteau de bois pour placer une planche, s'est retiré d'un bras et s'est retenu pendant que son camarade l'a conduit au corps de garde : il n'a eu besoin que de boire un peu d'eau de vie camphrée et après avoir changé d'habits a été

renvoyé chez lui maison de l'abbé de Breteuil rue de Sèvres par Mr Blainville commissaire de la ville.

| | |
|---|---|
| Devilliers qui l'a pesché...... | 12 livres |
| Aux sergents de garde........ | 6 livres |
| Blainville .................... | 4 livres |
| Dépenses .................... | 1 livre 4 sols |
| | 23 livres 4 sols |

16 janvier 1779. 10 heures du matin. Joseph Colin dit Champagne, porteur d'eau, âgé d'environ 50 ans, demeurant rue Jean Beausire, étant chargé de ses seaux pleins sur la planche du puisoir en tête des bateaux, les pieds lui ayant manqué, est tombé dans la rivière où il a été entraîné au fil de l'eau en se débattant; Marie Jeanne Boissy, Marguerite Desgranges, Marie Anne Vincent demeurant rue Jean Beausire et Jeanne Gauché, demeurant au cadran bleu, faubourg St Antoine toutes quatre blanchisseuses, l'ont repêché après quelques minutes de submersion, il a été porté au corps de garde de l'isle Louvier où le sergent l'a fait déshabiller, essuyer, sécher et réchauffer, lui a donné de l'eau de vie camphrée et n'a eu besoin d'autres secours, et ses camarades lui ayant rapporté ses hardes, a été renvoyé chez lui.

| | |
|---|---|
| aux femmes qui l'ont pesché.. | 24 livres |
| aux sergents et gardes........ | 9 livres |
| à Mr Hoin sa vacation........ | 4 livres |
| dépense vin, sucre, blanchissage. | 1 livre 10 sols |
| | 38 livres 10 sols |

*Mais ceux qui trouvent un corps flottant au fil de l'eau n'osent souvent pas le prendre en charge; ils ont trop peur d'avoir affaire à la police. Il arrive même qu'ils le traînent avec une corde jusqu'au poste de garde pour mieux prouver qu'ils ne sont pour rien dans l'accident.*

12 mai 1779. J'ai l'honneur de vous informer qu'hier au soir sept heures, j'ai eu avis que les bateliers

avaient pêché près Javelle une femme qui était dans l'eau que depuis une heure, et qui l'amenaient attachée à la queue de leur bâteau, j'ai sur le champ fait partir un batelet, elle a été transportée chez moi, et pendant quatre heures, je lui ai fait administrer sans succès tous les secours possibles, les chirurgiens ont fini par la saignée de la jugulaire et ont fait rapport que la pression violente de la corde qui lui passait sous les bras était suffisante avec la pression de l'eau pour la suffoquer, en cas qu'elle ne fut pas noyée. Je l'ai fait conduire à la Basse Geôle du Grand Châtelet. Je crois que ce serait le cas de rendre une ordonnance qui enjoigne à tous bateliers et pêcheurs de retirer sur le champ les cadavres de l'eau notamment lorsqu'ils sont depuis peu dans la rivière.

*(En diagonale en haut de la lettre.)*

Il faudrait savoir quel parti l'on pourrait prendre pour dissuader le public, et surtout les gens de rivière, de l'idée et de la crainte qu'ils ont, quand ils trouvent des cadavres, de s'exposer à être entrepris et soupçonnés par la justice [23].

*Le secours, lui aussi, fait peur puisqu'il vient de la police. Le secours, lui aussi, est agressif.*

Il faut bien du temps pour amener l'ordre dans les parties les plus communes de la police, la plus ordinaire. Qui croirait que, il n'y a pas 20 ans, lorsqu'on repêchait un noyé, au lieu de lui administrer promptement les secours propres à le rappeler à vie, on le laissait à moitié corps dans l'eau, jusqu'à ce qu'un commissaire fût arrivé pour dresser son procès-verbal? On n'osait y toucher avant cet acte; le guet vous repoussait durement (...) Enfin l'on a reconnu qu'au lieu d'un commissaire, il était plus à propos d'appeler un chirurgien [24].

**Les barrières**

*Immédiatement repérables, les octrois — appelés aussi barrières — entourent complètement la ville. Ils s'identifient aux levées d'impôts et de taxes et ne sont guère appréciés du petit peuple. De menus trafics prennent place chaque jour autour de ces bâtiments. Là où il y a barrière, il y a interdit, donc transgression de l'interdit accompagné des plaisirs habituels de ces sortes de lieux : prostitution, fraude et finalement rencontre avec une autre sorte de contrainte, la police. Il y a là autant de mouchards que de hâbleurs en quête d'activités plus ou moins transparentes. Il y a beaucoup de sans-travail aussi, qui espèrent bien tirer profit d'éventuelles rencontres.*

*Présence visible d'un ordre et d'une oppression économique, ce lieu n'offre guère de surprises : image coercitive, c'est en même temps un terrain favorable aux pratiques illégales.*

Lundi 7 août 1780. 7 heures du matin. Commissaire Crespy. Sont comparus : Pierre Nicolas Desprez, jardinier, et P. Beauce, cordonnier, demeurant après la barrière de Reuilly, et Louis Sellier, fabriquant de papier, ont rendu plainte contre Hamel, serrurier, Laroche, gazier, et sa femme, Chenevet, ouvrier, et 15 à 20 autres particuliers inconnus, hier soir revenant de se promener avec leurs femmes, et passant devant chez Hamel qui étaient sur le pas de leur porte, le chien de Deprez se battit avec l'autre chien. Il s'en suivit une dispute générale, avec coups de bâton et coups de pied et poing sur la tête.

Information. Le receveur à la barrière dit que tous ces particuliers sont sujets à se prendre de boisson, toutes les fêtes et dimanches aux guinguettes, et revenant le soir insultant un chacun, et finissent par toujours se battre, dit qu'il connaît Desprez et Sellier pour d'honnêtes gens très estimés dans le quartier où ils rendent beaucoup de services à tous les malheureux *(Y 9893).*

## III

## Le deuil et la fête

*Pavée de dureté et de misère, la rue des pauvres est déjà autre. Si elle est l'outrance, la démesure du dénuement, elle est aussi le spectacle et la fête. Parfois impétueusement gicle sur elle le surcroît de la vie.*

*La détresse comme le plaisir coulent sur le pavé de la rue. Flambées de vie qui frôlent l'essentiel, où la mort est toujours présente. La rue est aussi une fête étrange et spectaculaire quand faiblesse et plaisir s'y réunissent paradoxalement.*

### La misère

*La rue est le refuge de ceux qui jamais n'ont rien gagné et que la vie oblige à perdre l'essentiel : le droit d'aimer comme celui de vivre. Ceux-là tendent la main pour mendier, portent quelques hardes au Mont-de-Piété, abandonnent au coin de la rue un enfant de quelques mois, ou bien passent le parapet du pont pour tenter d'en finir dans les eaux de la Seine.*

*Ornant la ville de leurs monuments impérieux, l'hôpital et la prison mettent des murs solides autour de la décomposition et du malheur. Endroits visibles où l'on cache ceux que la société préfère oublier pour rendre vivable son environnement. Endroits visibles où l'assistance et la punition se confondent dans la morbidité.*

Prévôté de l'Ile-de-France.
Registre des arrestations. Année 1770.

| | |
|---|---|
| Charenton. 13 janvier. Jean Dupré, 35 ans, natif de la Brie, bûcheron, sans ouvrage ni domicile. | Arrêté pour mendicité, conduit au dépôt. |

| | | |
|---|---|---|
| Sèvres. | 10 février. Marie Bagneux, 42 ans, native de Toul, mendiante demeurant à Paris. | Arrêté comme mendiante contrefaisant l'estropié.<br>Bannie pour 5 ans. |
| Villejuif. | 4 juin. Guy Legaret, 48 ans, natif de Vannes, tailleur de pierre demeurant à Vannes. | Arrêté pour mendicité. |
| Sèvres. | 15 juin. Pierre Nicolas Dupont, dit la Grenade, 48 ans, colporteur. | Mendicité et insolences.<br>Galère 5 ans. |
| Passy. | 15 juin. Jean Vilquin, 55 ans, manœuvre et mendiant quand il n'a pas d'ouvrage, demeurant Plaine des Sablons. | Mendicité.<br>Arrêté et mis au dépôt. |
| Passy. | 19 juillet. Louis Aubert, 61 ans, natif de Sézanne en Brie, terrassier, demeurant à Paris, Grande rue du faubourg St-Honoré. | Arrêté pour mendicité. |
| Passy. | 19 juillet. Pierre Lemaire, 44 ans, natif d'Arcy en Picardie, palefrenier, demeurant à Paris avec son beau-père. | Arrêté pour mendicité. |

*(Y 18794.)*

*La mendicité a quelque chose de familier — on n'a pas encore tout à fait oublié que le mendiant qui passe est un moyen de Salut et l'image incarnée du Christ — pourtant elle a aussi quelque chose de trop démesuré pour être considérée comme opportune et sans danger. Jeffry Kaplow* [25] *dans un ouvrage sur les pauvres de Paris à la veille de la Révolution affirme que le nombre des mendiants enfermés dans les 38 dépôts parisiens est de 7 à 8 000 en permanence, après les années 1760. C'est énorme si l'on compte en outre tous ceux qui échappent à la surveillance. Pourtant il n'est pas facile d'échapper au guet quand on est mendiant, et les dispositions d'enfermement prises par les autorités sont d'une rare brutalité.*

On a traité les pauvres, en 1769, et dans les 3 années suivantes, avec une atrocité, une barbarie, qui feront une tache ineffaçable à un siècle qu'on appelle humain et éclairé (...) Ils moururent presque tous dans des dépôts, espèces de prisons où l'indigence est punie comme le crime *(Y 18794).*

*Au 31 décembre 1773, toujours selon Kaplow, 1 419 personnes étaient emprisonnées dans les dépôts de la généralité de Paris. Le nombre total des mendiants arrêtés en France était d'environ 71 000* [26]*. Faut-il vraiment insister davantage sur cette population d'affamés qui parcourt Paris et remplit les rues de visages gris? C'est un sujet dont la littérature s'est vite emparée. On n'a longtemps retenu que l'aspect misérabiliste et famélique de ces cohortes. Mais les longues listes d'hommes et de femmes arrêtés quotidiennement* [27] *pour « être sans ouvrage et demander le pain » sont d'un autre poids que toutes ces évocations exotiques.*

**Le Mont de Piété**

*Le Mont de Piété appartient lui aussi à la vie de la rue. Pour ceux qui espèrent encore échapper à la mendicité, c'est un lieu de passage obligé. On vient y porter ses habits, ses meubles, tous les gages sur lesquels on compte bien obtenir le peu d'argent susceptible de calmer l'impatience du logeur ou les remon-*

*trances d'une blanchisseuse encore impayée. S'il survient un peu d'aisance, on retourne rapidement au Mont de Piété libérer les objets déposés. Pour les pauvres, c'est une dernière chance avant la misère, en tout cas un moindre mal. Les certificats de dépôt au Mont de Piété, conservés aux Archives nationales, gardent la trace de ces gestes souvent dérisoires, qui tentent d'éviter le pire. Anonymes, ils évoquent ces gens venus apporter quelques hardes, deux jupons abimés ou une paire de boucles, pour s'acquitter d'une dette médiocre (50 à 60 livres). Ils obtiendront du Mont de Piété à peine une livre.*

11 novembre 1785 Prêt de 64 livres
N° 64085

Il a été déposé au Bureau Général du Mont de Piété pour nantissement d'un prêt de 64 livres, 17 jettons, 2 paires de boucles et une fourchette d'argent auquel manque un fourcheton.

Pour 1 livre 7 sols

28 juillet 1785 Prêt de 44 livres
N° 10601

Il a été déposé au Bureau Général du Mont de Piété pour nantissement d'un prêt de 44 livres, une boucle de col d'or.

Pour 18 sols

9 mars 1785 Prêt de 8 livres
N° 13339

Il a été déposé au Bureau Général du Mont de Piété pour nantissement d'un prêt de 8 livres un médaillon et deux poires montées en or dans une tabatière d'écaille blonde sans médaillon.

Pour 3 sols 6 sous

26 mars 1785 Prêt de 21 livres
N° 17398

Il a été déposé au Bureau Général du Mont de Piété pour nantissement d'un prêt de 21 livres une robe jupon d'indienne fond bleu.

Pour 15 sols

29 décembre 1785 Prêt de 25 livres
N° 73406

Il a été déposé au Bureau Général du Mont de Piété pour nantissement d'un prêt de 25 livres, une croix, un cœur et 4 poires d'or.

Pour 6 sols

21 mai 1785 Prêt de 16 livres
N° 28298

Il a été déposé au Bureau Général du Mont de Piété pour nantissement d'un prêt de 16 livres, une tabatière d'argent.

Pour 7 sols
*(Y 13362.)*

*Espoir et désillusion, le Mont de Piété est à la fois un monument familier et un lieu obligé, peu de pauvres ont la possibilité de l'éviter. Cela explique qu'il y soit souvent fait allusion dans les plaintes comme dans les témoignages.*

13 décembre 1763. 10 heures du matin. Marie-Claude Devrier, femme de Sauvy, chapelier, demeurant rue du Bas Froid, elle demeurante rue Jean Robert avec son père, se plaint comme son mari, et dit qu'il la maltraite (...) il a été arrêté chez des filles, et constitué prisonnier au Petit Châtelet, la plaignante, pour le

faire sortir, et de son consentement, a été obligée de mettre ses hardes en gage pour parvenir à son élargissement... *(Y 13700).*

2 mai 1779. 7 heures du soir. Gabriel Bayon, tailleur de pierres, demeurant rue de la Vannerie, contre la nommée Bretonne, ils vécurent ensemble, pendant ce temps, il lui fournissait de la nourriture, et lui donna 9 livres pour retirer quelques effets qui étaient en gage, que malgré cela, elle cessa de le voir, et se répandit en calomnies et injures contre lui *(Y 13819).*

24 mars 1784. 2 heures de relevée. Anne Meunier, femme de Hubert Mesné, fruitier, demeurante rue Guisarde, laquelle nous a dit que son mari l'a toujours maltraitée, et lui a mis tous ses effets en gage... *(Y 15497).*

*Au* XVIII^e^ *siècle, et déjà depuis longtemps, fonctionne le prêt sur gages, source de profits honteux qui désinvestissent encore une fois les pauvres et surenrichissent les riches. On se préoccupe alors d'en moraliser le fonctionnement : deux Monts de Piété se créent, l'un dans le Marais, l'autre dans le faubourg du Montparnasse. Les lettres constitutives, de 1777, donnent les raisons du projet.*

Le besoin, plus impérieux encore dans les grandes villes que partout ailleurs, avait ouvert dans Paris des caisses ténébreuses tenues par des Prêteurs sur gages; ces gens avides profitaient du prétexte de gros intérêts qu'ils payaient à leurs Bourses pour immoler à leur cupidité les victimes qui venaient leur demander des secours (...). L'infidélité de leurs conventions, (...) la négation des dépôts qu'on leur avait confiés, des évasions subites et frauduleuses (...) ont encore plus particulièrement fixé l'attention du Magistrat de Police, et l'ont porté à former le projet du Mont de Piété, c'est-à-dire d'une caisse de prêt publique sur nantissements, et il a considéré que cette caisse pouvait procurer des secours aussi peu onéreux que prompts et certains [28].

le passage des clochards dans le métro; qui n'est pas mendiant "il fait froid dehors"

*Le mendiant, sans asile et sans recommandation, ne peut, en aucune façon, emprunter au Mont de Piété. Le réglement est strict à ce sujet; pour lui, il est déjà trop tard :* Il faut être connu et domicilié, ou assisté d'un répondant connu et domicilié pour emprunter au Mont de Piété sur nantissement [29].

**Enfants perdus**

*Dans les rues de Paris vit tout un peuple d'enfants errants, petits et grands : paquet informe, emmaillotté, abandonné au coin d'une église ou dans le renfoncement d'un mur; enfants solitaires sur le trottoir ou le long de la Seine.*

*Il y a ceux, d'abord, qui ont perdu leur chemin et leurs parents dans le dédale des ruelles, ou qu'une gardienne négligeante a oubliés. Mobile et sans souci, l'enfant se perd facilement dans la mouvance de la rue. Parfois, c'est volontairement qu'il s'enfuit.*

13 juillet 1783. 10 heures 1/2 du soir. Le sergent du guet de poste à la place de Grève est requis par une particulière, Catherine Savary, veuve, laquelle a trouvé, rue de Gesvres, un enfant qui paraissait perdu et ne voulait dire son nom.

Jean-Baptiste Bonnaire, 9 ans, fils de Bonnaire, domestique et de sa femme, culottière, demeurant rue Saint Roch, chez un aubergiste, il s'est sauvé de chez sa mère ce matin, attendu qu'elle l'avait menacé de le battre.

Il doit être conduit chez ses parents et en cas de fausse adresse, le remettre entre les deux guichets de la prison de la Force, jusqu'à ce qu'il soit réclamé par ses parents *(Y 15117)*.

Au sergent de poste à la Grève, il a été amené un enfant de 22 mois, du sexe masculin, qu'on lui a dit avoir été laissé tomber du parapet du quai Pelletier jusque sur le pavé du bord de l'eau, environ à la hauteur de 40 pieds, que cet enfant lui a été apporté par un particulier, et réclamé par Rose Catherine Pays, femme de Jean Delaunay, compagnon charpentier, demeurant chez Gibert, épicier, rue de la Mortellerie, lequel enfant avait été confié à la dite Delaunay. Remis à la dite Delaunay *(Y 15117. 25 août 1783).*

Joseph Labussière, compagnon maçon, demeurant à Paris, rue de la Vannerie, hier sur les 11 heures du soir, passant rue de la Vannerie pour rentrer chez lui, il vit un petit garçon, âgé de 6 à 7 ans, qui était tout seul et qui paraissait perdu et égaré, qu'il a dit que son père se nommait Lebègue, que sa mère est dévideuse de soie et qu'ils sont de Beauvais en Picardie, qu'il ne se rappelle pas le nom de la rue, que c'est en jouant qu'il s'est égaré; il a emmené le dit enfant chez lui pour le garder jusqu'à ce qu'il soit réclamé par ses parents, et cependant pour se mettre à l'abri de tout reproche quelconque, il a cru devoir nous venir faire la déclaration, promettant d'avoir soin et de ne le rendre qu'à ceux à qui il appartiendra.

Samedi 13 septembre 1783. Est comparu Lebègue, tapissier aux Gobelins, demeurant rue Mouffetard, lequel a dit que l'enfant lui appartient et qu'il vient de lui être remis, et qu'il le reconnaît et en donne décharge à Labussière; interpellé de signer a déclaré ne savoir ni écrire ni signer *(Y 15117).*

*Ils sont finalement assez nombreux ces enfants perdus, même si leur nombre n'est rien par rapport à celui, exorbitant, des enfants volontairement abandonnés, qui ne semblent appartenir à personne et dont l'errance n'inquiète que lorsqu'il s'y joint des larmes ou la volonté suspecte de rester caché. Il a bien fallu que la Police s'occupe de ces petits du pavé, et les transfère dans des hôpitaux, monstres impressionnants où, si l'on ne trouve pas la mort, on perd parfois jusqu'à son visage.*

... Les enfants perdus sont conduits d'abord chez un commissaire. Le second jour, on les mène à l'Hôtel de la Police, où ils restent exposés. Le quatrième on les transfère aux Enfants Trouvés s'ils ont moins de trois ans; les autres plus âgés sont envoyés à la Pitié, hôpital hideux sous plus d'un rapport. Ils sont enregistrés du jour qu'ils entrent, avec un nom et une marque. Mais bientôt leurs parents ne les reconnaîtraient même plus, tant la misère et l'abandon auront défiguré leurs traits [30].

**Enfants trouvés**

*Ceux qui sont volontairement abandonnés sont si nombreux qu'ils inquiètent et préoccupent aussi bien les institutions charitables que les autorités. Leur masse fait pitié autant que peur. Laisser un enfant à la rue, parfois avec un billet épinglé à son maillot où se lisent quelques recommandations pour sa santé, c'est pressentir aussi que le pavé de Paris, d'habitude si blessant, peut devenir une chance. Si jamais quelque carrosse s'arrêtait pour emporter l'enfant et le soigner... Mirage bien sûr. L'Hôpital des Enfants Trouvés est presque l'unique chance. C'est aussi un mouroir.*

*Il y a d'abord ceux que les parents jettent dehors ou laissent complètement sans nouvelles. C'est le guet qui les retrouve, au hasard de ses rondes, et les amène au commissaire :*

11 août 1763. 9 heures du matin. Jean Mathieu Croissy, 8 ans, dit que son père était perruquier, qu'il s'est engagé, qu'il ne sait ce qu'il est devenu ni sa mère; il a été mis en apprentissage chez un nommé Dagneau, metteur en œuvre, logé en chambre garnie, quartier St Jacques chez le nommé Lacroix; cet enfant a été trouvé endormi sur les boulevards.

8 octobre 1777. Minuit et demi. Jean François Cas-

sagne, juste âgé de 15 ans, sans asile, vendant des épingles depuis hier attendu que son père l'avait mis dehors, envoyé au Petit Châtelet de Police *(Y 13700).*

*Le cas le plus préoccupant est sans nul doute celui des nouveau-nés laissés dans une vague encoignure de porte. Ceux-là sont envoyés à l'Hôpital des Enfants Trouvés. Leur nombre ne doit pas faire oublier le taux important des enfants illégitimes laissés dès leur naissance à la sage-femme qui les a fait naître. C'est elle qui porte l'enfant, en général baptisé, à l'hôpital, et décline ses noms et date de naissance, en même temps qu'une déclaration d'abandon. Quelle que soit l'origine de leur abandon et les motifs qui ont présidé à leur délaissement, c'est l'hôpital qui les recueille dans ses salles vétustes et hygiéniquement fort dangereuses.*

L'hôpital des Enfants Trouvés est sous la même administration que les autres maisons de l'hôpital général mais sans confusion des revenus. Il fut établi d'abord en l'année 1638 et transféré en la rue Notre-Dame en 1670. Cette maison est proprement destinée pour servir d'entrepôt et d'hospice aux Enfans exposés, qu'on ne peut transporter en la maison du faubourg Saint Antoine sans quelque danger. Il est desservi par des sœurs de la Charité.

L'hôpital des Enfants Trouvés du faubourg Saint Antoine a été bâti en 1669 dans la grande rue, pour les Enfants Trouvés qui reviennent d'entre les mains des Nourrices, pour y être élevés jusqu'à un certain âge, qu'ils sont mis à l'hôpital général. Il est aussi desservi par des sœurs de la Charité [31].

*Parfois les parents viennent eux-mêmes porter l'enfant au commissaire et expliquer brièvement le long chemin qui les conduit à ce geste définitif : l'abandon.*

Mardi 23 août 1763. 9 heures 1/2 matin. A été apporté par Blaise Fournil, gagne-deniers, demeurant rue des Vertus, un enfant femelle, baptisée le 10 Janvier 1763, en la paroisse St Nicolas des Champs, et nommée Geneviève, fille de Levy comparant et d'Anne le Roy sa femme, décédée depuis sa couche, lequel nous a dit et déclaré qu'il se trouve hors d'état de pouvoir faire élever sa fille attendu son état d'indigence.

Envoyée aux Enfants Trouvés *(Y 13700).*

14 juin 1767. 10 heures matin. Jean François Milieu, caporal de garde de Paris, de poste au marché neuf, a été requis de se transporter pont Notre Dame au sujet d'une particulière qui lui a déclaré être malade, et relevant de couches depuis 15 jours, avec un enfant que le public lui a dit être abandonné par la dite particulière vue sa maladie, laquelle a dit se nommer Marie Monay, veuve de Jean Garnier, âgée de 22 ans, native de Chéreau, le dit Garnier journalier *(Y 12702).*

*Les abandons d'enfants, quoique très nombreux, sont de toute façon déchirants. Les gens du peuple ne s'habituent pas vraiment à ces ruptures dramatiques, dont ils pressentent le caractère inexorable. Il arrive que l'émotion porte certains à des actes de solidarité aussi purs que les actes d'abandon sont désespérés.*

Nicolas Robbe, loueur de carosses, demeurant rue de Bondy, lequel nous a déclaré que Marie Marcore et Joseph Durand, compagnon menuisier, demeurant barrière des Porcherons, se disposant à faire conduire aux Enfants Trouvés Joseph Louis Durand, son fils, 3 ans 1/2, baptisé en 1780 à la paroisse Saint Laurent, parce qu'il lui était impossible de parvenir à sa subsistance, que la pitié s'étant emparée de luy il a proposé à la dame de s'en charger et le nourrir et l'élever dans la religion catholique, sans aucune espèce de rétribution, qu'y ayant consenti il l'a invitée à descendre par devant nous pour faire la présente déclaration, elle promettant de ne point retirer l'enfant à moins qu'elle ne se trouve dans le cas de leur rembourser les différentes dépenses qu'il aurait pu faire *(Y 15497. 30 octobre 1783).*

*Les chiffres sont impressionnants; d'après Camille Bloch*[32]*, de 1772 à 1776, sur les 32 222 enfants accueillis à l'hôpital des Enfants Trouvés, les 2/3 sont nés à Paris, ce qui fait une moyenne de 4 000 par an. Les carnets des commissaires de police confirment ces chiffres; le registre de l'office Duchauffour (Y 12719) tenu entre 1778 et 1782 relève pour l'année 1779, 2 820 enfants amenés pour être mis à l'hôpital, c'est-à-dire 8 par jour, et il n'y a pas qu'un office à Paris. La sécheresse des documents et des déclarations de dépôt d'enfants ne parvient pas à masquer la réalité. Ici aussi la faille s'entrouvre, laissant apercevoir l'excessive infortune. La rue devient miroir de l'indigence.*

Est comparue Anne Maillard, femme de Jean la Motte, domestique chez Monsieur Formie, procureur au Parlement, rue de l'Observance, elle cuisinière, chez Monsieur Drouin pensionnaire du Roy, rue des Fossés Mr le Prince, Marie France Maillard, fille majeure, gouvernante chez Jolly ancien chirurgien major de la garde rue Ste Marguerite, et Marie Geneviève Maillard, femme de François Quinquet, journalier, demeurante rue neuve Guillemain, lesquelles nous ont exposé que la dite femme Quinquet et son mari sont à Paris depuis environ un mois, qu'ils y avaient été attirés dans l'espérance que le dit Quinquet se livrant au travail ils pourrait vivre tous deux, les 3 enfants qu'ils ont de leur mariage, que c'est dans cette vue qu'ils ont quitté le village de St Marc près Dammartin, où le dit Quinquet ne gagnait pas de quoi soutenir sa famille, mais que le dit Quinquet refusant de se livrer à toute espèce de travail, et ayant déjà abandonné 2 fois sa femme et ses 3 enfants qui restent à la charge de leur sœur et tante, qui étant toutes 2 en maison, sont hors d'état de pourvoir à leur subsistance, entretien et éducation, pourquoi et attendu la mauvaise conduite du dit Quinquet et sa disparition de chez sa femme, depuis 15 jours sans que l'on sache ce qu'il est devenu, elles sont venues pour requérir notre ordonnance d'envoyer à la Crèche des Enfants Trouvés

1° — un garçon nommé Jean Martin né le 11 Novembre 1784 et baptisé le même jour.

2° — un garçon Etienne Jean Baptiste né le 13 Août 1786 baptisé le même jour.

3° — un autre garçon Jean Louis né le 5 Février 1788 *(Y 13829 bis).*

*Un enfant abandonné n'est pas toujours, pourtant, un enfant oublié. Des carnets des commissaires, entre les pages, pliées en hâte, glissent parfois des lettres quasiment indéchiffrables : celle d'une mère demandant à retrouver son enfant.*

... de Survie en Normandie 10 Septembre 1780. Monsieur, celle-ci pour avoir l'honneur de vous saluer, et en même temps pour mainformer sy vous n'avez eu un enfant arrivé chez vous le 20 Mars dernier de lage de 5 ans sous le nom d'un enfant trouvé, cependant il doit avoir été mené sous le nom de Lemenier qu'il a dû faire conduire par Lemeunier, je vous prie Monsieur s'il est chez vous de vouloir bien me faire l'honneur de m'écrire deux mots le plustôt possible qu'il sera vous m'obligerez infiniment car ses sa mère qui a l'honneur de vous écrire.

Je suis votre très humble et très obéissante servante. Adressé à Mr le Boullanger commissaire des enfants trouvés demeurant en la ville de Paris au marché neuf *(Y 12719).*

### Le désespoir

Dirai-je pourquoi l'on se tue à Paris depuis environ 25 ans? On a voulu mettre sur le compte de la philosophie moderne, ce qui n'est au fond, je l'oserai dire, que l'ouvrage du gouvernement (...). Ceux qui se tuent, ne sachant plus comment exister, ne sont rien moins que des philosophes, ce sont des indigents, las, excédés de la vie (...) La police a soin de dérober au public la connaissance des suicides.

*Louis Sébastien Mercier n'est guère dupe. Au bout de la misère, la mort parfois. Et souvent dehors, dans la rue, où l'on attendait fortune et plaisir, où l'on n'a trouvé que misère et détresse. Très nombreux, les suicides sont le plus souvent camouflés par la police, pour rester méconnus d'un public prompt à l'émotion. Finalement, on ne sait trop rien de ces vies achevées brutalement, ni même leur nombre exact. Quelquefois, dans les archives judiciaires, des traces :*

13 juin 1788. 3 heures 1/2 de relevée, au sujet de la nommée femme Prevost qui s'est jetée à l'eau, le caporal requis par Elizabeth Lorion, femme de Jean Vailly, domestique, maintenant logée à Bicêtre, a arrêté Geneviève Lirré, femme de Boury, demeurante rue Jean de Lépine, et Marie Adélaïde de Brua, veuve de Gerveau, graveur, toutes revendeuses, au sujet de ce que ces dernières lui avaient dit que son fils avait été fouetté et marqué *(Y 15117).*

24 avril 1776. Minuit et demi. Jean Louis Bouvet, sergent de la garde de Paris, de poste au marché neuf, a amené une particulière qui a dit se nommer Marie Catherine Métayer, femme de François Lambert, afficheur, demeurant rue de la Bûcherie chez la dame François, prévenue de vouloir se noyer par désespoir, remise au sieur Bouvet pour la conduire es prisons du Petit Châtelet *(Y 12705).*

15 juillet 1777. Minuit. Etienne Nicolas Montigny, sergent de la garde de Paris, de poste à la place Maubert, a amené la nommée Marie Magdelaine Françoise,

âgée de 24 ans 1/2, native de Paris, femme du monde, logée rue Aubry, disant que s'il ne voulait pas l'arrêter, elle s'yroit noyée, conduite à la prison de Saint Martin, pour la 12e fois *(Y 12706).*

**Les divertissements**

*A Paris le jeu côtoie la mort. Lieu ludique par excellence, la rue offre bien des moyens de se divertir dont profitent autant les petits que les grands.*

18 février 1746. Sentence de police qui condamne à 100 livres d'amende chacun, les nommés Bosselot, Jean et Mignot, dont les enfants, en jouant avec des charbons dans des pots, avaient mis le feu sur la voie publique à une voiture de paille, et renouvelle les défenses faites aux pères, mères et maîtres de laisser jouer et vagabonder les enfants, apprentis et domestiques dans les rues ou places publiques.

*On a beau renouveler les prohibitions, la rue sert aussi à s'amuser :*

2 septembre 1746. Ordonnance de police renouvelant les défenses de jouer dans les rues ou places publiques au volant, au bâtonnet, aux quilles, au cerf-volant et autres jeux dont les passants puissent être incommodés ou blessés, ou les lanternes publiques cassées à peine de 200 livres d'amende [33].

*Les enfants jouent beaucoup dans la rue, et partout, bien entendu. Dans l'escalier, sur le quarré, près du puits de la cour, dans l'allée, aux portes des arrière-boutiques, et au beau milieu de la ruelle. Ils jouent, transgressant les interdits, occupant pleinement l'espace et provoquant souvent la colère des piétons ou d'âpres disputes entre les parents. L'espace urbain est leur univers, ils l'utilisent à leur gré, le transforment; moins encore que les adultes, ils ne séparent le public du privé.*

21 juin 1770. 4 heures de l'après-midi. Plainte par Marie-Louise Soudé, femme de Diac, ancien soldat du guet, demeurante rue Montmartre, les garçons bouchers jouant à la balle l'ont attrapée à la tête *(Y 12705).*

Vendredi 10 mars 1775. Six heures 1/2. Commissaire Dorival. Sont comparus, Pierre Figollion, fourbisseur, et Elisabeth Perrin, sa femme, demeurants à Paris rue des Trois Canettes, ont rendu plainte contre Lassaigne et sa femme, civilement responsables de leur fils de 12 ans, qu'il y a une heure, passant dans la rue Saint Louis, un jeune particulier, qui jouait avec le fils Lassaigne, a jeté une potée d'eau au fils dont le tout est tombé sur l'habit du comparant, que le comparant ayant dit « Qu'est-ce donc que ces polissons là qui jettent de l'eau aux passants », le dit Lassaigne a répondu : « Eh bien! ne dirait-on pas que l'on t'a fait bien du mal », que la comparante a dit, « vous mériteriez un soufflet », et ce dernier lui a jeté une pierre ou une écaille d'huître qui lui a coupé le sourcil, et dont elle a perdu beaucoup de sang *(Y 9826).*

*L'enfant vole à l'ordre urbain le plaisir de jouer sur les pavés malgré la pléthore des ordonnances de police. C'est justice sans doute puisque l'ordre urbain vole à l'homme de la rue certains espaces de promenade et de loisirs, pour les réserver calmement aux riches et aux nantis. La canaille ne doit pas se répandre partout, même pour profiter des frais ombrages :*

Je reviens au Jardin Fameux des Tuileries (...) comme il y est fait pour le plaisir d'un grand peuple l'art y a fait tous ses efforts pour le rendre digne d'une infinité de personnes considérables qui le fréquentent, d'un grand nombre de Belles Dames qui l'embellissent, et d'une quantité extrême d'honnêtes gens, qui s'y promènent toujours. L'entrée en est interdite aux laquais et à la canaille; il est très spacieux et quasi capable de contenir une grande partie du peuple, s'il y venait en même temps [34].

## Le cabaret

*Personne ne refuse à la canaille l'entrée du cabaret : ce lieu lui appartient; thème littéraire obligé :*

Vous trouvez dans ces antres enfumés, des ouvriers fainéants qui passent crapuleusement la journée à boire lentement (...), des fils d'honnêtes artisans vont se perdre sans ressource dans ces asiles de l'oisivité (...) les esprits échauffés n'y sont pas toujours d'accord. Des rixes s'élèvent, et la paix ne peut guère se rétablir qu'après un combat. Alors le vigoureux cabaretier arrache de la table les champions obstinés et les pousse dans une cour attenante, où ils vident leur querelle par une grêle de coups de poing [35].

*Le cabaret fait peur, la canaille aussi. Mercier décrit le peuple des tavernes comme un peuple animal. Pour conjurer sa peur, pour intérioriser ce monde qui lui est étranger, avec des accents qui rappellent d'autres descriptions : celles du monde paysan. La rusticité, la pauvreté effraient tout autant; les réduire à l'animalité, c'est déjà se donner les moyens de les dominer.*

... Sur les dix heures du soir, je vis tout à coup entrer tumultueusement 19 pendards, 16 créatures et 10 enfants qui s'emparèrent de la table, la chargèrent de débris de viande, poissons, légumes, morceaux de pain; puis l'on fit venir du vin, qui ne fut pas servi dans des pintes de plomb, mais dans des vases de grès (...). De ces femmes, plusieurs avaient des enfants qu'elles allaitaient et torchaient. Les chiens étaient de la partie (...) Ces gueux me parurent aimer singulièrement leurs chiens (...) Cette troupe formait un ramas de mendiants, de chiffonniers, de ces revendeurs et revendeuses qui arpentent les rues. Les propos n'avaient point de suite; ils semblaient se deviner plutôt que converser entre eux [36].

*Le cabaret semble appartenir au petit peuple; c'est tout bonnement parce qu'il est le prolongement évident du boulevard, l'aboutissement normal de cette vie dehors où l'intime n'a pas de place reconnue. La taverne est un espace à la fois clos et ouvert, où se rencontrent ceux qui n'ont pas d'autre endroit pour prendre le plaisir d'être ensemble. Loisir du pauvre, passage quotidien pour ceux qui travaillent, c'est aussi un endroit où les sensibilités s'exacerbent facilement. Spasmodique comme l'est la rue, il sursaute souvent des rumeurs de la danse comme de celle des bagarres. Si ce n'est le vin qu'on peut y boire — et cela compte — et les murs qui le délimitent, il n'est guère différent de la rue. Il la résume en amplifiant ses contrastes; il reflète violemment la brutalité des conditions de vie et le désir de vivre.*

Un particulier et une particulière, Gérard le Soin, boulanger, et Marie Joseph Beguin, sa femme, sont arrétés par le sergent, à la réquisition d'un limonadier et d'une limonadière, demeurants faubourg du Temple, maison de Meysin, marchand de vin, pour avoir battus et excédés François Rougemont et Marie Madeleine Merlin, femme de Roger, loueur de carosses. Le particulier et la particulière arrétés sont venus ce soir chez lui boire bière et eau de vie, ont dit avoir déjà payé et ont fait querelle à Rougemont, a voulu les renvoyer, mais se sont jetés sur lui, à grands coups sur le visage, dont il a des contusions saignantes. La femme Roger ayant voulu empêcher le particulier et la particulière, ces derniers lui ont porté aussi des coups de poing sur le visage *(Y 9891. 24 juin 1780).*

Il a été amené par le sergent de garde une particulière qu'il a arrêtée rue de Bretagne, Françoise Renault, 22 ans, polisseuse en or et en argent, demeurant rue St Antoine chez le pâtissier, à la réquisition de la femme du sieur Tiran, limonadier, rue de Bretagne. Marie Mayeux, épouse de Nicolas Tiran, déclare que la particulière arrêtée est venue dans sa boutique, il y a une 1/2 heure, accompagnée de deux hommes et d'une fille, qu'elle a demandé des liqueurs et ensuite a dit que la femme Tiran avait volé un mouchoir à un particulier, et l'a nommée sacrée garce en ajoutant qu'elle était là pour faire boucan, alors elle s'est saisie du flambeau sur le comptoir et l'a jeté au visage de la dite Tiran, qu'aussitôt son mari ayant vu le visage ensanglanté de sa femme, a requis la garde *(Y 9825. 12 février 1775).*

*A propos de n'importe quoi naît la dispute. Pas besoin de bien se connaître : un inconnu peut bien vous adresser la parole sans que cela surprenne. On chante, on danse, on joue aux cartes; soudain, un geste, une injure et l'affaire se gâte. Vivacité du lieu :*

16 janvier 1775. Est comparu Nicolas Rémy, charetier, demeurant à Paris, faubourg Saint Martin chez un maçon, a rendu plainte contre Raffetin, porteur de pain, 28 ans, demeurant grande rue du faubourg Saint Martin, et contre Jutot dit Cottin, nous a dit qu'hier étant dans le cabaret du grand faucheur, à la nouvelle France, il lui a été offert un verre de vin par les dits particuliers qui venaient d'entrer, qu'il a refusé, n'ayant point d'argent, un des dits particuliers l'a pris au collet et l'a terrassé de manière qu'il a la jambe cassée *(Y 9826).*

Le caporal s'est transporté rue Saint Victor, au cabaret Saint Martin, où il a arrêté à la réquisition de la marchande de vin un particulier très ivre qui la maltraitait. Alexandre Danon, marchand de vin, et sa femme Marie Wable, dit que le particulier Jean Baptiste Sauvage, 40 ans, pâtissier, demeurant faubourg Saint Jacques, est entré il y a une heure, et a cherché querelle à tous ceux qui étaient dans la salle, qu'il porta même un soufflet à une femme âgée d'au moins 60 ans qui était dans la boutique, puis voulut partir sans payer et porta un violent coup de poing au front de la marchande, puis l'a traînée à terre et jetée dans le ruisseau *(Y 9829. 26 juin 1775).*

*La femme dans la rue n'étonne pas. De même, elle prend place au cabaret. C'est une présence habituelle, aiguë dès qu'il s'agit de badiner, vite remarquée en cas de prostitution ou lorsque s'enflamme la jalousie des hommes. Elle ne surprend pas plus en ces lieux que lorsqu'elle se promène dans les allées des boulevards ou aux abords des guinguettes. C'est plus tard, au XIX^e^ siècle, que l'on réputera indécente sa présence dans les tavernes.*

27 juin 1775. 7 heures du matin. Commissaire Roland. Est comparu Philippe Morchoisne, marchand de bière, demeurant rue Zacharie, paroisse Saint Séverin, a rendu plainte contre Picollet, compagnon imprimeur, disant que Picollet est venu boire de la bière chez lui, a payé sans faire d'insulte, mais a paru fort turbulent, hier est venu à midi et est resté à chanter et à jouer, a eu quelque dispute, a cassé un tabouret et un carreau de vitre, que la femme du comparant qui est enceinte de deux mois a dit à Picollet de sortir, qu'il l'a traité de putain et de coquine, lui a donné un soufflet et un coup de pied dans les reins, qu'il a fait amasser la populace, qu'il y a danger pour elle et pour l'enfant *(Y 9830).*

Jacques Louis, tourneur, demeurant rue de Charenton, lequel a dit qu'hier étant à la grande Pinte avec plusieurs de ses camarades à danser, André Ranson, dit le dragon, qui demeure à la grande Pinte, maison du jardinier, ont cherché dispute au comparant, particulièrement Ranson, qui, journellement, fait tapage et se rend maître dans les cabarets, et se sont battus deux ou trois fois *(Y 9837. 18 décembre 1775).*

Angélique Asseline, femme de Charles Broisse, marchand limonadier, et Charlotte Tincelin, couturière, toutes deux à Paris, rue Saint Victor, au café de la Providence, ont dit que Chappier, dit le Dragon, escamoteur et vendeur de pommade, est entré au café avec le dragon Jean Robert, voisin, sous prétexte d'y boire une chopine d'eau de vie, annoncèrent le dessein de chercher chez la fille Ticelin une fille qui a vécu avec le dit Chappier et de la tuer ainsi que la fille Ticelin *(Y 9895. 27 novembre 1780).*

Requis de se transporter rue du Poirier, au cabaret de la Bouteille, où il a arrêté un particulier qui faisait bacanal, Nicolas Beaudains, 23 ans, praticien, demeurant rue du Poirier, qu'il est venu deux fois dans le cabaret pour y faire sortir une femme du monde, et a donné un coup de chandelier au marchand de vin, car il voulait trouver sa maîtresse Louise Lelong *(Y 9895).*

*Très surveillés par la police, les cabarets obéissent à bon nombre d'obligations et sont souvent remplis de mouchards. Moins fluide que la rue proprement dite, c'est un espace mieux surveillé. A onze heures du soir, toutes les tavernes doivent fermer leurs portes, au risque d'être poursuivies. Les ordonnances et les sentences de police sont fermes à ce sujet. Lieu où se confinent la fête et l'oubli, le cabaret trop souvent conduit à la prison. C'est que la fête du pauvre est toujours étroitement surveillée.*

**La guinguette**

*Autre loisir sans contrainte, la guinguette.*

C'est ainsi qu'on appelle les endroits situés hors Barrières, où les Artisans et autres gens du peuple vont se réjouir les Dimanches et Fêtes. Tels sont les Porcherons, la Nouvelle France, la Petite Pologne, la Plaine de Grenelle, le Moulin de Javelle, Vaugirard, le Grand et le Petit Gentilly, la Rapée, le Grand et le Petit Charonne, le Gros Caillou, Mesnil-Montant, Belleville, la Courtille et le Pré Saint Gervais.

Tous les cabarets de ces lieux ont de vastes cours plantées d'arbres, et remplies de tables où l'on donne à boire et à manger [37].

J'ai voulu voir comment s'amuse le bas peuple de Paris, et j'ai été aujourd'hui dans des guinguettes : c'est le nom que l'on donne à des restaurants situés hors de la ville, où, le dimanche, la foule se rassemble pour dîner à dix sous et boire du vin au plus bas prix possible. Vous ne pouvez vous figurer combien ce spectacle est bruyant et varié! D'immenses salles sont remplies par des gens des deux sexes; on crie, on danse, on chante. J'ai vu deux vieillards de 60 ans, dansant gravement le menuet avec deux vieilles.

A la porte de chaque guinguette se tiennent des femmes avec des fleurs. Elles vous prennent par le bras et vous disent : « Mon cher Monsieur, voici un bouquet de roses que je vous donne ». Il faut absolument accepter le cadeau et remercier au moyen d'une pièce de dix sous, et dire encore un mot de politesse. Les bouquetières parisiennes sont du même acabit que les marchandes de poisson. Il est terrible de ne pas leur plaire : elles sont capables de vous jeter de la boue [38].

### Les jeux

*Jouer est une chose simple et évidente. Pourtant c'est un loisir pourchassé et durement réprimé.*

Quoique, depuis l'arrêt de 1777, aucun jeu de balle, aucun jeu de hasard n'ait été permis en cette ville, ni par les ministres, ni par la police, la passion du jeu qui ne peut s'éteindre a trouvé d'autres ressources; les joueurs se sont retirés dans des endroits cachés, où ils ont cru pouvoir se livrer impunément à leur funeste penchant. Poursuivis par les officiers de police, ils ont cherché des lieux où ils puissent être à l'abri des recherches de la justice [39].

*Quoi qu'il en soit des maisons où l'on joue et où ne peuvent venir que les bourgeois, le petit peuple joue à la balle, aux quilles, au dé, aux cartes, au biribi et à toutes sortes d'autres choses encore. Les disputes sont promptes et les facéties au jeu tournent parfois mal.*

Vendredi 30 juin 1775. 9 heures du matin. Commissaire Mutel. Est comparu Pierre la Biche, marchand mercier, à Paris, y demeurant rue de l'Arbre Sec, a fait plainte contre le sieur Lambert, marchand de dentelles, et nous a dit qu'hier entre 2 et 3 heures de l'après-midi, en attendant la revue des soldats de sa Majesté, le plaignant et Lambert ont joué au jeu de cartes appelé le triomphe, à raison de 12 sols la partie, que le sieur Lambert a élevé une contestation, prétendant avoir un point de plus qu'il n'avait effectivement, et sur ce ayant soutenu qu'il avait gagné la partie, puis se sont querellés sur la partie de la veille et a porté un soufflet au plaignant *(Y 9830)*.

Mardi 4 avril 1780. 7 heures du soir. Commissaire Odent. Trois particuliers sont accusés d'avoir maltraité une femme au point de faire craindre pour ses jours; dans un cabaret, rue St Eloy, trois particuliers et une femme sont entrés et sont montés dans une chambre où il leur a été servi 3 pintes de vin à 12 sols, un morceau de salé de 20 sols, une demi-heure après, les trois particuliers sortirent, et ne les voyant pas reparaître, l'aubergiste monta dans la chambre où il vit la femme toute défigurée qui ne voyait goutte à cause des contusions considérables sous les yeux. Anne Christophe, 24 ans, ouvrière en cottes, demeurant rue de la Calandre, a dit que depuis ce matin, Langlois, mercier, lui a fait subir toutes sortes de mauvais traitements, comme elle a eu le malheur de s'abandonner à la débauche avec lui, elle n'a jamais osé se plaindre, de peur d'être arrêtée comme fille de mauvaise vie, s'étant trouvé aujourd'hui avec lui dans un cabaret avec un autre qu'elle faisait passer pour son frère, lui a découvert qu'ils étaient amants, ils ont alors tiré par plaisanterie à croix à fille auquel des deux elle resterait, puis l'ont maltraitée *(Y 9880).*

**Amuser le peuple**

*Nombreuses sont les fêtes données au peuple : 32 par an à Paris, au XVIIIe siècle, sans compter les dimanches de l'année* [40]. *Elles attirent du monde et inquiètent la police; elles provoquent l'illusion du merveilleux et rassemblent pour un temps les pauvres hideux dans leurs haillons et les costumes clinquants d'une magnificence de plus en plus méprisée. De toute façon il faut amuser le peuple, c'est le but de chaque spectacle public, fête ou feu d'artifice.*

Mars 1722. Comme il faut toujours amuser un peu le peuple de Paris pour le consoler de n'avoir pas d'argent, on prépare des magnificences étonnantes pour l'arrivée de l'infante d'Espagne (...) on travaille à 7 ou 8 arcs de triomphe dans Paris, et on compte même que les rues seront tapissées, ce qui n'est pas ordinaire [41].

*La fête attire toujours une foule considérable; ces hordes nombreuses finissent par inquiéter :*

La petite bourgeoisie, que la simple curiosité a amené, s'écarte avec frayeur de ces hordes (...) des symphonistes déguenillés, perchés sur des tréteaux et environnés de sales lampions, font crier des violons aigres sous un dur archet. La canaille fait un rond immense, sans ordre ni mesure, saute, crie, hurle, bat le pavé sous une danse lourde : c'est une bacchanale beaucoup plus grossière que joyeuse [42].

*Aux spectacles donnés gratis, le monde accourt et apprécie. Cela étonne Mercier :* Ce qu'il y a de plus étonnant, c'est que cette populace applaudit aux beaux endroits, aux endroits délicats même, et les sent, tout comme l'assemblée la mieux choisie [43].

**La mort-spectacle**

*« Délicate », la populace : c'est peut-être pourquoi, au lieu de recevoir les exécutions à mort comme des spectacles grandioses, elle finit par envoyer des injures au bourreau. A la fin du XVIII<sup>e</sup> siècle, les exécutions ne seront plus du côté du spectacle, mais de l'horreur. Et cette évolution s'amorcera dès le début du siècle. Et quand il faut exécuter, ou simplement exposer au pilori les gagne-deniers ou les domestiques, il est nécessaire d'amener de grands renforts de soldats et de gardes.*

Novembre 1721. Hier il y eut grand tapage dans Paris. Un laquais de Monsieur d'Erlach, capitaine des gardes suisses, avait dit des sottises de sa maîtresse. Il a été emmené au Châtelet et le procès a fini par une condamnation au carcan et aux galères. Hier, l'exécution s'en devait faire; on le conduisit à la queue d'une charrette avec 200 archers du guet même, à cheval, dans la rue Ste Anne, butte St Roch, vis à vis la maison du sieur d'Erlach. Personne presque n'avait suivi la charrette. Mais à la maison, ou, pour mieux dire, dans le quartier, il y avait 5 ou 6 000 âmes.

Aussitôt que le poteau a été enfoncé, la populace s'est émue, on a brisé le poteau, le laquais a été ramené au Châtelet par les archers qui ont tiré quelques coups. Les vitres de la maison ont été cassées, il y a eu 4 ou 5 personnes tuées. Un pauvre porteur de lettres d'enterrement, qui ne s'attendait pas à porter le sien, passait et fut tué. Tout ce quartier fut en émotion jusqu'à 5 heures du soir.

On n'ose plus mettre à présent au carcan; voilà la troisième fois que pareille sédition arrive, qui quelquefois pourrait avoir des suites très fâcheuses [44].

*Les exécutions après sentence de mort provoquent des sentiments ambigus; le voyeurisme et l'horreur mêlés bouleversent la foule : de quel côté basculera son émotivité? la fera-t-elle basculer? Qu'elle se taise ou s'indigne, de toute façon vient le temps de rendre le processus justicier plus subtil, moins visible. Trop souvent, le spectacle de la mort n'est vraiment pas celui de la justice.*

Quelle voix sinistre et retentissante, emplissant les rues et les carrefours, se fait entendre jusqu'au sommet des maisons, et crie qu'un homme plein de jeunesse va périr, égorgé de sang froid par un autre homme au nom de la société? Le colporteur en courant et hurlant, vend la sentence encore humide. On l'achète pour savoir le nom du coupable, et apprendre quel est son crime : on a bientôt oublié l'un et l'autre. C'est une condamnation subite qui vient épouvanter les esprits. La populace quitte les ateliers et les boutiques et s'attroupe autour de l'échafaud, pour examiner de quelle manière le patient accomplira le grand acte de mourir en public au milieu des tourments. Le Philosophe, qui, du fond de son asile, entend crier la sentence, gémit; et se remettant à son bureau, le cœur gonflé, l'œil attendri, il écrit sur les lois pénales et sur ce qui nécessite le supplice; il examine si le gouvernement, la loi n'ont rien à se reprocher; et tandis qu'il plaide la cause de l'humanité dans son cabinet solitaire, et qu'il songe à remporter le prix de Berne, le bourreau frappe avec une large barre de fer, écrase le malheureux sous onze coups, le replie sur une roue, non la face tournée vers le ciel comme le dit l'arrêt, mais horriblement pendante; les os brisés traversent les chairs. Les cheveux hérissés par la douleur distillent une sueur sanglante. Le patient, dans ce long supplice, demande tour à tour de l'eau et la mort. Le peuple regarde au cadran de l'Hôtel de Ville et compte les heures qui sonnent; il frémit consterné, contemple et se tait [45].

**Le mariage du Dauphin**

*Il arrive que la fête et la mort paradoxalement se rejoignent. Rue pour vivre, rue pour mourir. Quand la fête fut donnée pour le mariage du Dauphin en 1770, le peuple* dans un concours de monde prodigieux *envahit les chaussées, les avenues et les places, en attente du spectacle promis. Plus qu'à l'ordinaire, ils envahirent la rue, mais avec le même sentiment que celui de tous les jours, un sentiment d'appartenance. Les fiacres et les carrosses en avaient décidé autrement : ils réclamèrent le passage au mépris des ordres de police et leur entrée en force provoqua panique et asphyxies. 132 morts et des centaines de blessés, ramassés en hâte sur le pavé. La rue, malgré tout, restait aux plus forts.*

Tableau général de toutes les opérations faites à l'occasion du malheur arrivé à la sortie de la place Louis XV, rue Royale, Mercredi 30 Mai 1770, lesquelles ont été constatées par les procès-verbaux des mois de Mai — Juin — Août — Septembre de la même année, dont les minutes sont demeurées en mains de Mr Sirebeau, commissaire du Châtelet *(Y 15707).*

Le Roi ayant donné l'ordre à la ville de témoigner par des fêtes la joie que toute la nation a ressenti au mariage de Monsieur le Dauphin, ne crut pas devoir choisir l'Hôtel de Ville où la place, étant trop resserrée, ne laissait pas assez l'espace pour faire un feu considérable, sans risque de causer un incendie aux maisons qui en sont proches. L'on crut donc parer à tous ces inconvénients en choisissant la place Louis XV, où les colonnades pouvaient servir et où une foule innombrable de monde pouvait venir sans nul inconvénient...

Jamais on n'a eu un concours de monde aussi prodigieux, la vaste étendue du terrain l'occasionnait et le temps favorable avait engagé du peuple de 3 lieues à y venir, l'instant que le feu fut achevé de tirer, le monde qui était dans la place voulut filer sur le champ sur les boulevards pour y voir les illuminations qui étaient annoncées, dans le même temps que le peuple qui était à l'entrée des boulevards; et dans la rue Royale, voulait entrer dans la place pour en voir l'illumination, les 2 colonnes se joignirent, et la presse occasionnée par ceux qui venaient par derrière fut telle que la plus grande partie des gens qui ont péri ont été étouffés debout, le sang leur sortait par la bouche, le nez et les oreilles, et ne sont tombés par terre que lorsque la foule ne les a plus soutenus...

*Les carrosses ayant voulu en même temps se frayer un chemin coûte que coûte il y eut 132 morts — 89 femmes, 43 hommes — qu'on inhuma dans le cimetière de la Madeleine de la Ville-l'Evêque. Souvent méconnaissables, il fallut d'abord que les parents ou amis les réclament, puis les reconnaissent. Les archives ont conservé leurs descriptions : ils ne sont pas gens de bien, et sont morts dans la rue dans les vêtements de leur condition, avec sur eux les objets qui marquent à la fois leurs appartenances et leurs besoins.*

*Vêtements de peu, objets de rien, méchants habits, gilets rapiécés et bijoux de pacotille : c'est l'inventaire des corps de ces hommes et de ces femmes qui ne s'étaient même pas parés pour la fête, faute de moyens sans doute, et sans doute aussi parce que la fête à Paris était si fréquente qu'elle faisait partie du paysage. Presque partout de la couleur, et de petits objets décorés viennent ponctuer les descriptions. L'homme de la rue, dans ses poches, porte à la fois les signes de son travail et les signes de ce qui peut le projeter dans un ailleurs. Tabatières, almanachs, dés, cartes à jouer, chapelets, cœurs, livres de piété...*

*Jean-Baptiste Chevrier* 21 ans
apprenti metteur en œuvre chez
Chorier rue Galand
— reconnu par son père
habit. veste. culotte. toile coton
flambé bleue et grise.
bouton de trait
bas de laine noire
chemise col de basin
1 vieux mouchoir marqué
1 collier de chien et laisse
1 bout de canne

*Antoine Chevin* dit Picard 60 ans
compagnon serrurier
demeurant rue Maubriée
paroisse St Merry
— reconnu par sa fille
veste noire
gilet d'indienne rouge et blanc
culotte de drap gris
bas laine grise
1 vieux mouchoir
1 grand couteau pliant
1 écrin d'étau à serrurier
3 clefs
1 étui à épingles

?
corps rompu
non réclamé
mauvaise veste rapiécée de
drap gris
chemise de grosse toile
mauvaise culotte de calemande
rouge
mauvais bas de laine
rouge
boucles de métal blanc
1 grosse clef
1 tire-bouchon à l'usage d'un
tonnelier
1 tabatière de bois noirci
1 mouchoir de toile

*Anne Julienne* 20 ans
fille orpheline
ouvrière d'un tailleur
rue de la Coutellerie
casaquin rouge
vieux jupon, 2 autres jupons
tablier de toile
bas de coton
poches de toile
2 mouchoirs
1 petit portefeuille cuir rouge
almanach — papiers — mémoires
bonnet piqué
2 paires de mitaine de coton 1 clé
1 étui de bois avec un cœur
bague de pierres fausses vertes

*Nicolas Maurichon* 9 ans
demeurant chez sa mère
rue St Bernard faubourg St Antoine
— reconnu par son frère
méchant habit de drap gris

gilet blanc
culotte peau noire
bas de laine
mauvaise chemise

*Gabriel Chevreul* décroteur 17 ans
demeurant cul de sac de l'oratoire chez un brouetteur
— reconnu par ses frères gagne-deniers
veste de treillis gris
gilet en serge
culotte de peau jaune rapiécée
bas laine grise
boucle de cuivre jaune en las d'amour
1 vieux mouchoir
1 tabatière carton
1 autre en bois
1 brosse presque neuve
1 couteau à manche de corne
1 vieille paire de ciseaux
1 ruban d'amadou
1 chapelet de bois
1 vieux gant
5 livres 19 sols

*Jacques Briet* 60 ans
metteur en œuvre
demeurant rue Jean Robert
— reconnu par le maître tabletier son logeur
habit — veste — culotte ratine grise — bas gris
1 vieille tabatière carton verte
1 livre d'église
1 paire de lunettes
1 mouchoir très vieux
2 sols 6 deniers

*Marie Catherine Ponthieux* 14 ans
apprentie couturière chez son
oncle compagnon serrurier
rue du Verthois
— reconnue par son oncle
corps livide et pourpre
casaquin toile coton à raies
jaunes
2 jupons toile à raies bleues
bas de laine grise
sans souliers
1 mouchoir
1 Thérèse de taffetas noir
1 chemise grosse toile garnie
de manchettes
1 couteau à manche de corne
1 tire-bouchon — 1 dé — 1 petite
couverture de camelot verte

*Marie Fournier* 60 ans
femme de Deseaux porteur d'eau
demeurant rue Grenetat
— reconnue par son fils également
porteur d'eau
1 chemise
2 jupons : 1 de calemande l'autre
de serge
1 vieille paire de poches
1 clef de sûreté
1 vieux livre de piété
1 petite clé
1 mauvais couteau 1 étui
11 sols 6 deniers

# 2

# S'approprier l'espace

*Il y a ceux qui sont morts lors du mariage du Dauphin. Il y a ceux aussi qui ont survécu malgré leurs blessures.*

Marie Françoise Rivaudon, 36 ans, femme de P. Bardeuil gagne-deniers, elle marchande de pommes demeurante rue Planche-Mibray, de présent à l'hôtel-dieu, dépose qu'elle s'est sentie étouffée et qu'elle est tombée 4 fois et s'est relevée quatre fois ayant le corps tout fracassé, qu'elle s'est sentie donner un coup de ciseaux au dessous de l'oreille ce qui lui a été fait à dessein de lui voler une garniture de dentelle nouée par dessous du menton, qu'elle a cependant été plus heureuse qu'aucuns qui étaient à côté d'elle plusieurs étant morts d'étouffement, après avoir été retirée d'entre plusieurs personnes qui étaient restées mortes elle a été portée au corps de la garde puis à l'hôtel-dieu où elle a été enveloppée de peaux de mouton [1].

**Survivre**

*Marie-Françoise Rivaudon a eu plus de chance que beaucoup d'autres. Elle n'est pas morte alors qu'à côté d'elle des corps asphyxiés tombaient; elle a même résisté à l'agression de ceux qui profitent de toutes les paniques pour voler; elle vit et elle raconte. Son témoignage peut prendre valeur de symbole : survivre dans une foule, résister à l'agression, c'est déjà une adaptation. Mais de ce désordre, en outre, d'autres vivent et tirent leurs forces : à vivre dans la rue, on prend possession d'elle, on la fait sienne en la rendant parfois méconnaissable, donc insaisissable pour les autorités. De la faiblesse naît une force possible. Seul refuge offert à ceux qui n'ont pas de fortune, la rue ajoute à son visage de misère l'allure provocante du défi. Ils sont trop nombreux à être sans cesse dehors, mobiles et sans lien définitif qui les retiendrait à un travail ou à un logement, pour ne pas être à la fois victimes de cette situation et difficiles à contenir ou à diriger.*

*Offrant aux pouvoirs en place l'image d'une mobilité désordonnée, son inquiétude, une émotivité toujours en éveil, la foule est une force qui n'est ni consciente ni organisée. On lui a laissé la rue, elle l'occupe comme un pouvoir en creux. Au XVIII*e* siècle le discours sur la ville est trompeur. Les chroniqueurs ne voient que la misère, la saleté, le bruit; leur insistance veut parfois conforter des projets de charité et d'assistance. Mais surtout on redoute le désordre et les déviances qui en résultent, on insiste sur l'urgente nécessité de ne pas laisser la misère trop visible et d'enfermer les pauvres, corrupteurs de la société. Pourtant la description laisse souvent apparaître la peur qu'inspirent les masses qui occupent l'espace urbain.*

*Inorganisé en apparence le peuple a ses figures et ses signes, ses rites; une sociabilité qui n'a rien à voir avec celle plus policée et plus codifiée des classes supérieures. L'expressivité, la vitalité des gestes, l'extériorisation des sentiments et des désirs témoignent ici de la transparence obligée de liens sociaux constamment vécus sans intimité ni secret.*

*Mais l'espace urbain, sillonné par ces trajets incessants en tous sens, porte en lui sa propre opacité et ses formes originales de résistance à l'ordre. Envahie d'un peuple aux lendemains inquiets qui la parcourt en tous sens et l'utilise, la rue offre l'aspect d'un territoire très dense, où l'on se groupe et s'éparpille. Un territoire quasi secret à force d'être le support d'activités impossibles à dénombrer et à surveiller; quasi impénétrable à force de camouflage. La rue protège une vie irréductible à l'ordre.*

## I

## Les figures et les gestes

*Ils vivent dehors, se regroupent, s'amassent. Leur pauvreté est patente : les visages, les corps, les vêtements en témoignent; les occupations quotidiennes aussi. Les récits insistent sur cette présence fluide et incessante de la foule. Les gravures s'appliquent à rendre le bouillonnement de la rue où chacun crie, marchande, travaille, ou s'enfuit. Mais nous savons peu de choses sur les gestes et sur l'expressivité des pauvres de la rue. L'historiographie s'est surtout appliquée à dégager des impressions d'ensemble, et d'abord les plus menaçantes, obsession d'un XVIII^e^ siècle préoccupé d'ordre public et de tranquillité privée.*

*Ces détails, glanés au hasard des documents, valent moins par leur contenu descriptif — l'exotisme de la rue, on l'a dit, empêche souvent les observateurs de comprendre ce qui s'y joue — que parce qu'ils laissent paraître une façon particulière de vivre ensemble, un système de reconnaissance et d'échange : la sociabilité des pauvres qui inquiète tant les dominants.*

Il y a beaucoup de gens qui n'attachent aucune importance à la toilette; l'on peut cependant deviner la qualité et le caractère d'un homme par son costume. (...) N'étalez pas un luxe supérieur à votre condition (...). Ne vous parez pas comme une femme, mais gardez-vous aussi d'être mal-propre sur votre personne ou crasseux sur vos vêtements. Il faut être pourvu de linge fin et en mettre du blanc tous les jours. On reconnaît à cela un homme de qualité.

... La première règle à observer par un étranger est de ne pas se singulariser, mais de s'habiller comme tout le monde (...) Sylvius eut un collet et des parements de velours à son juste-au-corps : on le prit pour un laquais portant la livrée de son maître. Balde, nouvellement arrivé, entra dans un café avec un colletier de peau, une culotte de cuir et des bottes : il passa pour un campagnard descendant de cheval.

Pour tout ce qui concerne le costume, il vaut mieux imiter les Français, non qu'il soit honteux de paraître étranger, mais par ce qu'il est inutile que toute la canaille s'aperçoive que vous êtes étranger. Les gueux, les cochers, les décrotteurs ne vous laissent point en repos et veulent tous tirer quelque chose de vous [2].

*Le discours bourgeois — il s'agit ici de Nemeitz, voyageur hollandais et chroniqueur de son séjour à Paris en 1727 — sait parfaitement de quels signes sont porteurs les vêtements et de quelle façon il faut les faire correspondre au plus juste à la situation particulière qu'on occupe dans la hiérarchie sociale. Surtout ne pas déchoir, mais aussi prendre garde à ne pas paraître plus que de condition.*

### Rester à sa place

Février 1725. D. Dodun (Dodin), contrôleur général des Finances, et puissamment riche, a acquis le marquisat d'Herbault, proche d'Orléans, et la charge de lieutenant de roi d'Orléans. Cela lui a paru trop bourgeois de rester en homme de robe, surtout ayant le cordon bleu; il a pris l'épée, s'est fait appeler M. le Marquis d'Herbault, et, entre autres choses, s'est fait galonner un habit ni plus ni moins qu'un officier des gendarmes. Cela a paru si ridicule qu'on n'a pu y tenir. Comme le sieur Dodun est fort haï, on a recherché son origine, et on a trouvé que son grand-père avait été laquais. Enfin on a fait sur lui, et sur sa femme, des chansons qui ont été chantées jusque par les décrotteurs. Mme Dodun en a été huit jours sans dormir. Voici un de ses chansons; elle est sur l'air de la Testard :

Dodun dit à son tailleur :
« Marquis d'Herbault je me nomme :

Il me faut en grand seigneur
Habiller, et voici comme :
Galonnez (ter)-moi,
Car je suis bon gentilhomme;
Galonnez (ter)-moi,
Je suis lieutenant du Roi. »
« Mon cousin, dit le tailleur,
Je défie toute personne
D'avoir l'air d'un grand seigneur
Comme aura votre personne.
Galonnez (ter)-vous,
Votre aïeul, si honnête homme,
Galonnez (ter)-vous,
Portait galons comme vous [3]. »

*L'essentiel est donc de rester à sa juste place, sans modestie ni enflure, et les distinctions sont subtiles. La saleté des rues de Paris rend commode de s'habiller de couleur sombre. Mais il faut prendre garde :*

Toutes les personnes de revenus modestes ou faibles doivent obligatoirement s'habiller de noir à Paris, avec des bas noirs. En société, cette couleur sombre n'est pas désagréable tellement en soi que parce qu'elle marque une trop grande distinction, une démarcation trop nette entre ce qui est riche et ce qui ne l'est pas [4].

*Que le vêtement distingue sensiblement le riche du pauvre est chose évidente. Mais le vêtement de la misère n'est ni indifférencié ni uniforme. Si le premier coup d'œil instruit sans mal sur le statut social, il instruit ensuite sur le métier exercé, le pays d'origine, le maître auquel on appartient. Bien des métiers par exemple ont leur insigne : afficheur, portefaix, cochers; et ceux qui les portent ne les quittent ni le dimanche ni les jours fériés [5]. Le commissionnaire savoyard ne se confond pas avec le porteur d'eau et les filles arrivées de la campagne ne sont pas difficiles à repérer. La police d'ailleurs s'y trompe peu. Les registres du guet mentionnent sou-*

*vent des indications sur les suspects :* de loin nous a paru être auvergnat. *Ceux de la Basse Geôle qui décrivent les cadavres repêchés dans la Seine ou non réclamés, devant l'impossibilité d'identifier le visage du noyé, précisent souvent :* nous a paru être marinier*; ou :* qui nous semble blanchisseuse. *Le vêtement trahit l'exacte condition de celui dont on ignore le nom ou l'âge.*

**Le vêtement des pauvres**

*Le vêtement des pauvres n'est guère blanc; le plus souvent usé et raccommodé, fait de mauvaise toile aux couleurs passées; rarement acheté neuf, il n'a pas d'âge et ne protège du froid que parce qu'on en enfile plusieurs les uns sur les autres. C'est chez le fripier, quai du Louvre ou quai de la Mégisserie, que se vendent les hardes déjà tachées et usées, déchets des gens aisés. Cela donne à certains un curieux air de déguisement : ils portent de bric et de broc sur leurs corps non policés de vieilles redingotes qui ont perdu dorures, dentelles et formes.*

*Les descriptions minutieuses des victimes de la fête donnée à l'occasion du mariage du Dauphin, révèlent que personne ou presque ne s'était vêtu ce jour-là en habit de fête : casaquin, jupons et chemises de tous les jours, les uns sur les autres, le plus souvent de toile grossière,*

Louise Balleux 50 ans
femme de Fournier serrurier
demeurant faubourg St Antoine
reconnue par sa fille et son mari
Casaquin d'indienne
3 jupons : un en serge
un de toile indienne
une siamoise rayée bleue et blanche
1 tablier toile à carreaux rouges
2 paires de bas de coton et de laine.

Raymond dit Boffadit
60 ans
compagnon peintre
demeurant rue de la Tixanderie
reconnu par sa veuve
vieille redingote
veste de drap gris
culotte noire
boucles de jarretière

Pierre Navet 9 ans
fils de H. Navet
blanchisseur rue St honoré
mauvaise veste de cotonnade
chemisette de toile grise
chemise de toile cretonne
culotte de fort et diable rouge rapiécé [6]

*L'apparence extérieure est capitale. Porter les habits de sa condition et de son sexe est chose normale; une atteinte à ce code implicite, si légère soit-elle, est souvent mal tolérée. Se parer des vêtements d'un autre, se déguiser ou porter d'autres habits que ceux destinés à son état suffit à irriter l'opinion, parfois à faire scandale.*

Guillaume Rigault, domestique au service du marquis de Sennevoye, colonel au régiment de Boulonnais, dépose contre trois particuliers; allant faire une commission pour son maître, trois particuliers lui ont dit : voilà un garçon perruquier qui porte un chapeau militaire *(Y 9824. 23 janvier 1775).*

*Plus grave est le scandale quand il s'agit de femmes portant des habits d'homme ou vice versa, car il s'agit alors d'actes contre nature.*

Est comparu Charles Lesieur, marchand tapissier, demeurant à Paris, cour Saint Martin, paroisse Notre

Dame des Champs, hier à sept heures et demie du soir avec sa femme qui était habillée en homme, sur le grand chemin entre la Chapelle et Paris où ils revenaient, ils ont été attaqués par trois particuliers *(Y 9827).*

*Les domestiques qui portent livrée de la maison à laquelle ils sont attachés, sont bien évidemment les plus reconnaissables. A la police, on les signale facilement lorsqu'ils commettent quelque méfait.*

Le sergent de garde a été requis de se transporter porte du Temple, à la demeure d'un marchand d'eau de vie, où on lui a dit qu'un particulier ayant l'air d'un domestique, venait d'entrer chez lui sans aucun sujet, et avait porté à sa femme qui était à son comptoir des coups de poing *(Y 9825).*

*Ils sont les seuls à pouvoir porter un habit qui emprunte l'apparence de ceux qu'ils ont pour maître, qui mime la richesse et le prestige. Et leur fierté est souvent sans mesure. Groupe original aux réactions parfois ambiguës — on ne sert pas toujours impunément les grands de ce monde —, les domestiques en arrivent à avoir un air si luxueux qu'ils frisent le ridicule : volonté du maître ou du serviteur?*

Je reviens à l'abus des livrées. Tel valet aujourd'hui est habillé de ce qui faisait la parure d'un grand seigneur il n'y a pas un siècle. Cette noblesse nouvellement riche par les travaux et l'ordre, supprimerait encore, et avec plus de raison, ce fertile appareil de luxe, cette sotte vanité de faire porter la queue d'une robe jusqu'aux pieds [7].

*L'abus des livrées est réel : ceux qui fustigent ces habitudes sont bien évidemment pénétrés de l'idée que le domestique doit rester à sa place sous peine de ridicule; et si c'était en outre dangereux? Ne pas se travestir, ne pas glisser d'une condition à une autre par le subterfuge du vêtement, ne pas s'immiscer dans le rôle d'autrui à moins d'y avoir été expressément autorisé : ce sont les règles de l'apparence. Il n'y a pas que les riches à compter les galons chamarrés et le nombre des boucles d'or de leur interlocuteur afin de savoir exactement à qui ils s'adressent. Les pauvres sont loin d'être une masse indifférenciée : parmi eux se marquent des hiérarchies de statuts qui ne doivent pas être confondus. Un garçon perruquier n'aime pas être pris pour un saute-ruisseau, un regratier pour une blanchisseuse.*

*Pourtant au cours du XVIIIe siècle, artisans, compagnons, marchands et femmes de boutiques cherchent à se parer de façon plus avantageuse. Les femmes, tout particulièrement, se donnent beaucoup de mal à se façonner de plus jolies toilettes avec les étoffes du fripier. C'est, après 1760, l'offensive des indiennes et des tissus de couleur. Et le maître qui veut faire plaisir à sa servante maîtresse sait bien quoi lui offrir.*

Le dit Lemaître lui loua un cabinet garni chez le Sieur Voisin, cordonnier, rue de la petite Truanderie, où elle a demeuré deux mois pendant lesquels le Sieur Lemaître venait tous les jours, et couchait trois nuits avec elle, qu'il lui a acheté un deshabillé et des souliers couleur de capucine *(Y 9827).*

*Les moralistes, d'ailleurs, ne tardent pas à s'indigner de ce nouveau souci d'apparence des pauvres. Ainsi le Père de Larue, sermonnaire en vogue sous la Régence :*

Au siècle du Sauveur, la pompe des habits n'était que dans la cour des Princes. Aujourd'hui ce désordre a passé aux particuliers; il règne par tout le monde, et le luxe a cessé d'être le vice des grands. Ce n'est plus à eux qu'il faut donner des leçons de modestie, c'est au peuple et aux artisans [8].

*Mais ce nouveau goût pour une toilette plus raffinée ne fait pas se confondre pour autant les différentes conditions. Une dentelle au ruban de l'éventailleuse n'en fait pas une bourgeoise.*

**La canne et l'épée**

*Réservé à une élite, le port de l'épée reste un désir nostalgique chez beaucoup, comme c'est le cas du duel*[9]*. Mais il est depuis l'ordonnance de 1666 strictement réglementé :*

Ne pourront aucune personne porter des épées de jour, s'ils ne sont gentilshommes ou officiers de notre Maison, de nos Troupes, compagnies de nos ordonnances, soldats des régiments de nos gardes tant françaises que suisses, ou autre préposé pour l'exercice des ordres de justice à peine de 200 livres d'amende [10].

*Pour que cette prohibition soit suivie du maximum d'effet, il est demandé à tout médecin ou chirurgien qui aurait été amené à constater ou à panser une plaie faite par l'épée de dénoncer le fait au commissaire.*

*Le port de l'épée et les assauts restent clandestins, la peur de la répression est grande, et pourtant dans les interrogatoires transparaît à l'évidence le sentiment impérieux que l'honneur ne peut véritablement se défendre que par le recours au prestige des armes et des défis : dans les faubourgs comme dans les marais, bien des conflits se règlent à l'épée, parfois même dans les cabarets. On se provoque en tirant l'épée.*

Vendredi 30 mars 1780. 10 heures du matin. Plainte pour Pierre Pontillon, maître grainier, demeurant pont au change, maison de Chaillé, marchand joaillier, contre Duval maître tabletier, demeurant quai des Morfondus, qui l'a maltraité à coups de poing et égratigné, l'a d'abord provoqué en tirant l'épée *(Y 12705).*

12 février 1770. 9 heures du soir. Le chef de division du guet faisant patrouille rue de la Barillerie, a été

requis de se transporter place des Barnabites au cabaret de la Fontaine, au sujet de trois particuliers, dont un a tiré son épée, et se sont évadés : celui qui a tiré l'épée et qui s'est enfui s'appelle Maguin, écrivain au palais, demeurant rue de la Calandre *(Y 12705)*.

Charles Bassin, maître vanier, voulant entrer dans sa boutique, un jeune homme pissait devant la porte, il lui a dit de se retirer en lui demandant pourquoi il pissait là, a répondu qu'il pissait où il voulait et lui a donné des coups de canne et tiré son épée *(Y 9835)*.

*Ce sont plutôt des gens d'une certaine fortune ou d'un certain rang qui se querellent à l'épée nue. On les retrouve difficilement, car, à peine l'épée tirée, ils s'évadent dans le dédale des rues. Pourtant, malgré l'ordonnance de 1666 et pour une longue période, les laquais et les domestiques de grande maison ont continué à porter l'épée. Imitant le modèle noble, les domestiques refusent de renoncer à cette habitude de prestige, exactement comme ils sont attachés au luxe de la livrée. La Reynie, lieutenant général de police (1667-1697) et réformateur autoritaire de l'ordre public, fait réprimer, refusant d'admettre chez eux une attitude de morgue et de prestige seulement tolérée dans les couches aristocratiques. Alors, sous leur livrée, ils cacheront des cannes et des bâtons.*

La violence et l'insolence des laquais de grande maison étaient tellement enracinées que le 25 mars 1673 le lieutenant général de police dut leur défendre de nouveau de s'attrouper et de porter des cannes ou bâtons sous peine de punition corporelle. Ils accomplissaient tant d'actes de brutalité intolérables sur les bourgeois [11].

*Défense qui sera réitérée en 1693. En 1721, au commencement de la foire St Germain, des pages du Roi et des princes du sang se querellent violemment avec ceux des ambassadeurs. J.F. Barbier dans son Journal raconte :*

Ils avaient presque tous des bâtons sous leurs habits; on les a fait sortir un à un, on leur a pris leurs bâtons et on en a arrêté 6 de différentes maisons [12].

*En 1775, le port de la canne est une circonstance aggravante; la canne, confisquée par le commissaire de police, sert de preuve, de pièce à conviction. Détenir une canne est une preuve d'insolence. Lors d'une dispute pour affaires, Jean-Baptiste Renaud,* montrant à faire des armes, *est arrêté :* comme il nous a paru violent et insolent en ce qu'il porte la canne au préjudice des ordonnances, il est envoyé à la prison du grand Châtelet *(Y 9831. 2 août 1775).*

*Faire tomber la canne de quelqu'un en passant, c'est le désigner comme incapable de défendre son honneur. Beaucoup à l'époque restent nostalgiques du port de l'épée, surtout les officiers; s'en prendre à leur canne, résidu dérisoire d'une habitude prestigieuse, la possession de l'arme blanche, c'est s'en prendre à eux-mêmes.*

Joseph Perret, académicien, 17 ans 1/2, demeurant chez son père rue St Denis, a dit que passant dans la rue, il a accroché l'officier sans intention et lui a fait tomber sa canne, que cet officier lui a donné un coup de canne sur le bras et des soufflets et l'a traîné chez le commissaire *(Y 9830. 20 juin 1775).*

*Symbolique de l'apparence : l'arme — qu'elle soit épée, canne, bâton, ou méchant bout ferré — reste objet de désir, de défi. Elle permet à tous, selon l'arme portée, de mimer l'ordre chevaleresque, le noble valeureux.*

*Témoins de vies en cours qui ne pensaient pas s'achever tragiquement un jour de fête, les objets retrouvés sur le corps des morts le 30 mai 1770 disent l'insignifiance des fonds de poche et parlent, comme personne ne pourrait le faire, des signes dont on ne se sépare pas parce qu'ils collent à la peau. Ces objets ne démontrent rien : ils dessinent de simples traces, précieuses et dérisoires du monde des pauvres qui n'a pas les poches trop encombrées, parfois des morceaux de pain, de temps à autre un outil utile au métier, souvent un chapelet ou un livre de prières, plus souvent quelques liards, presque toujours des morceaux de tissu que parfois le greffier nomme mouchoirs.*

Marie Anne Leroux, fille 20 ans, revendeuse à la toilette, demeurante rue St Thomas du Louvre, reconnue par son frère.

mouchoir
petit chapelet
dé de cuivre
étui de bois
2 livres 1 sol

Marie Anne Fleury 25 ans, femme de chambre de Mr de Perussy, demeurante rue St Lazare, paroisse St Roch, reconnue par sa sœur.

mouchoir de toile
1 livre de piété
4 clefs
2 étuis de bois
1 cachet acier
1 dé de cuivre
14 sols

Anne Charlotte Rousset, fille 20 ans, ouvrière en dentelles avec sa mère rue Ste Anne.

1 mantelet de taffetas noir

quelques notes et papiers
deux tabatières de carton
1 flacon de cristal dans son étui de velours vert
deux étuis de bois
une petite clef
trois dés
un peloton à épingles
un mouchoir à carreaux rouges
un petit livre de piété
1 liard

Joseph Calude Couttier, 67 ans, marchand rubannier, rue St Denis, reconnu par Loret officier

crochet de cuivre damasquiné
clé
étui de bois de violette
l'almanach de franc maçon
une quittance de loyer
une lorgnette
un petit calendrier
une tabatière de carton
un tire bouchon
un anneau de cuivre
un petit canif
et un lacet de soie blanche

*Dans les poches des pauvres, peu d'argent mais des outils ou de petits ustensiles, ils signalent le lien nécessaire entre l'homme et le travail, trouvé ou recherché. Les poches disent bien cette obsession. Mais les femmes surtout portent des objets de piété, livres de piété ou un chapelet. Peu d'objets de coquetterie, à part quelques anneaux ou bijoux retrouvés çà et là, des tabatières trouvées sur les hommes, des clés et de petits ciseaux. Des poches qui racontent les inquiétudes quotidiennes; sans nom, sans adresse : seules trois personnes sur 132 ont sur elles un papier notant leur nom. L'identité est un privilège des riches.*

*Lorsqu'ils s'abordent dans la rue, les habitants se reconnaissent d'emblée. La plupart des provinciaux venus se mêler dans la ville ont gardé leur accent; ils se regroupent, se retrouvent entre pays, parlent patois ou dialecte. Savoir le nom de l'autre a moins d'importance que reconnaître en lui un compatriote. La voix est le support d'une solidarité dont les textes témoignent à l'évidence.*

Toussaint Dufour, garçon boulanger de 23 ans, natif de Flandre, sans ouvrage, demeurant rue de la Cordonnerie à la halle, dit qu'il était en compagnie de plusieurs flamands dont il ne sait le nom, qu'il y a eu une dispute, et qu'il n'y a point pris part, qu'il ne sait où ces particuliers demeurent et qu'ils ne s'appellent entre eux que pays *(Y 9825. 22 janvier 1775).*

*Cette immédiateté est étonnante; souvent dans les archives, les témoins d'un incident parlent de ceux qu'ils connaissent bien, qu'ils voient tous les jours, et sont totalement incapables de dire leur nom. Il leur suffit de se reconnaître, de savoir où ils sont*

Interpellé de dire quel est celui qui l'a entraîné
— a dit que c'est Laurier, gagne deniers, dont il ne sait la demeure et qui se tient ordinairement au coin de la rue du Rempart, près le passage du Palais Royal *(Y 9957. 18 janvier 1786).*

*Le prévenu a toujours vu cet homme à cet endroit, ils ont discuté, il sait son nom, il fait affaire avec lui, de quoi lui servirait-il de savoir dire où il habite? Leur façon de se rencontrer exclut d'emblée l'obligation de décliner une identité. C'est par d'autres signes fugaces, subtils que se font les ententes et les reconnaissances. La rapidité des rencontres et l'expression des relations forme écran pour ceux qui ne maîtrisent pas le code et ne conçoivent pas de la même manière les rôles à tenir dans la société. Le corps libre, sans perruque ni fard ni poudre, sous l'habit de leur métier, ils parlent sans syntaxe policée. Ils parlent beaucoup et fort. Sonore, la ville retentit de cris et de jurements. Ce tintamarre possède lui aussi ses signes et ses règles. Les convenances existent autant ici que chez les riches. Il est rare que l'ordre des convenances ait été repéré comme tel : beaucoup plus souvent, les observateurs entretiennent la confusion entre langage populaire et langage obscène, comme si le seul fait de ne pas respecter l'usage reçu cantonnait le vocabulaire populaire dans l'indécence et la trivialité.*

*Il est toujours difficile de travailler sur la parole; elle ne laisse aucune trace — sauf lorsque le greffier la transcrit au cours d'un interrogatoire, et l'on sait ce que cette transcription contient de transformations volontaires ou involontaires. Les archives judiciaires sont les sources qui donnent ici le plus d'indications précises. Sauf exceptions, les gens du peuple ne lisent ni n'écrivent. Leur culture est essentiellement orale et c'est par la parole qu'ils se rendent sensibles aux autres.*

**Le tutoiement**

*Loin d'être systématique, le tutoiement prouve l'amitié ou suppose une familiarité dont le destinataire, par moments, se passerait bien. Le maître ne tutoie pas toujours son apprenti, les femmes ne se tutoient pas toujours entre elles, l'homme ne tutoie la femme que s'il la connaît bien ou s'ils ont ensemble des projets; sinon c'est qu'il la méprise ou l'invective. Accusé de malveillance vis-à-vis d'une femme, Pierre Rigaux, maître perruquier, 33 ans, demeurant faubourg St Denis, se défend :* qu'ils se connaissent depuis leur plus tendre enfance ayant été à l'école ensemble, qu'ils se tutoient et se disent des quolibets quand ils se rencontrent *(Y 9893. 11 septembre 1780).*

*Suivre une femme dans la rue, s'accorder sur elle quelques gestes, et de plus la tutoyer, c'est transgresser les convenances. Un père de famille se plaint auprès du commissaire :*

Charles Glaive, marchand papetier à Paris, demeurant rue du Petit Pont, paroisse St Séverin, dépose que deux de ses filles sortaient pour revenir en sa demeure, ont été rencontrés sous la voûte du Petit-Châtelet par un particulier qui est ici présent, qui les a arrêtés et s'est mis en devoir en les tutoyant de leur mettre la main dans le sein, ce que voyant ces filles se sont retirées.

Raimond Cozoubun, 28 ans, natif de Guyenne, compagnon-traiteur d'habits, demeurant rue des prêtres St Germain l'Auxerrois, dit qu'il leur a seulement dit bonsoir et n'a point essayé de les toucher qu'au surplus s'il les a insultés il leur fait mille excuses *(Y 9825. 5 février 1775).*

*Deux voisines se disputent. Louis Milot garçon cordonnier raconte :* il a entendu du bruit dans l'escalier et a vu la femme Feuillade qui insultait la demoiselle de Kertbi autre locataire et qui disait en la tutoyant : tu te dis fille de condition, tu n'es qu'une salope *(Y 9826. 27 février 1775).*

*Signe de tendresse dans certains cas, le tutoiement est souvent considéré comme une marque d'amour et les voisins et amis le ressentent ainsi. Anne Claude, blanchisseuse de 20 ans, est séduite par Léger Letourneau, 22 ans, ouvrier en tapisserie aux Gobelins; enceinte de 3 mois, il l'abandonne et une voisine témoigne :*

Françoise Elizabeth Le Roy, 20 ans, bourgeoise de Paris, a remarqué qu'ils s'aimaient beaucoup, se tutoyaient toujours, s'embrassant fréquemment et ayant ensemble des familiarités qui annonçaient qu'ils étaient amant et maîtresse *(Y 9832. 13 août 1775).*

*La parole est promesse, elle est don, elle ne se reprend pas. Peut-être y attache-t-on d'autant plus d'importance que l'on n'a guère d'autre chose à offrir. Pas de dot le plus souvent, mais une parole à donner, aussi s'y laisse-t-on prendre facilement.*

Marie Cécile Prévost, 22 ans, domestique au service de Madame Grandval, rue de la Comédie Française depuis un an, nous a dit qu'elle aurait fait la connaissance de Copreau domestique, au service de la dite dame depuis 15 ans, que Copreau l'aurait recherchée pour le mariage et lui a donné nombre de fois sa parole *(Y 9831. 29 juillet 1775).*

Françoise Anne Leclerc rend plainte contre Etienne Devillars citoyen de Genève, employé à Paris, dépose qu'il feignit de brûler d'un feu légitime et employa tout ce que la séduction a de plus rafiné pour parvenir à toucher son cœur, politesse, honnêteté, prières, larmes, promesses *(Y 9832. 25 juillet 1775).*

Madeleine Rosalie Cougy, fille de 23 ans, cuisinière au service de M. le Marquis de Bandol, a rendu plainte contre Le Beau, valet de chambre de M. Le Marquis de Soyécourt, il ne manqua pas de lui tenir conversation toutes les fois qu'il le put, insensiblement il lui fit entendre qu'il pensait à elle pour l'épouser et n'oublia rien pour lui persuader, il pleura en l'appelant sa chère femme, lui disant qu'il ne l'abandonnerait jamais, qu'elle était jolie, fraîche comme une rose *(Y 9887. 14 mars 1780).*

*Entre hommes, on parle des femmes parfois, et au cabaret, les mots de l'amour sont moins tendres. On s'y vante, entre compagnons, d'avoir séduit et conquis. La verdeur, parfois l'obscénité des propos qui sont rapportés, marquent à la fois la distance prise et la vanité de la réussite amoureuse. Jean Jacques Toussaint, domestique de 20 ans, a séduit Marie Jeanne Dubuisson, 17 ans, blanchisseuse. Ses camarades rapportent au juge ses confidences. S'y mêlent un sentiment réel, l'affirmation de l'exploit viril, et la conviction qu'une telle virilité est forcément fécondante.*

Jean-Pierre Vayriot 19 ans, domestique de la comtesse de Guerchy, demeurant rue St Dominique, dépose qu'il y a 6 mois, étant à boire dans un cabaret rue du Bac, Toussaint en conversant lui confia qu'il avait pour maîtresse la fille Dubuisson, et que même la veille l'ayant tirée trois fois, il était certain de lui avoir fait un enfant, qu'il voulait l'épouser.

Jean-Jacques-Georges Levêque 18 ans garçon boulanger dépose que Toussaint se mourait de chagrin pour la fille Dubuisson, qu'il lui assura d'avoir eu le pucelage de la jeune fille et plus tard lui a dit qu'il ne l'avait pas ménagée et pensait lui avoir fait un enfant *(Y 9896. 28 octobre 1780).*

*Obtenir le pucelage d'une fille est un événement dont on se flatte et qui ne saurait être mis en doute. Jeanne Benoît cuisinière se plaint d'être enceinte de Georges Neveux, et Jean Guitard, tailleur, dépose dans l'affaire :*

Il les a souvent vus ensemble, et Neveux lui a même dit qu'il avait eu son pucelage qu'il en était si certain que lorsqu'il avait eu les premières habitudes avec elle, elle lui avait rempli sa chemise et sa culotte de sang. *(Y 9832. 28 août 1775).*

*Geneviève Carré fille majeure de 45 ans garde-malade chez Marsel témoigne des amours du fils Marsel pour leur domestique et dépose* qu'un jour le fils est venu lui raconter qu'après tant de sollicitations il était venu à bout d'en jouir le jour des Roys qu'il était bien sûr d'avoir eu ses premières quoique lui en eut dit le frère de lui et qu'il la veut épouser *(Y 9953. 21 mars 1785).*

**De la rumeur**
**à la clameur**

*Dans la rue, tout se voit et met en cause autrui. La parole fait inlassablement courir les réputations, bonnes ou mauvaises. Il faut savoir se préserver contre cette circulation dangereuse : car la réputation est un capital essentiel, que la malveillance peut détruire. C'est une façon d'être reconnu, d'être identifié à un modèle, faute de pouvoir l'être à une fonction ou à un rôle dans la hiérarchie sociale. Les mauvaises langues sont redoutées et détestées, parce qu'elles minorent un capital de moralité et d'honnêteté dont le peuple ne peut se passer. Il n'a guère que cela à présenter aux juges lorsqu'il est sommé de s'expliquer sur ses actes ou simplement suspect.*

*Mouvante comme les rencontres et les inimitiés, la parole colporte le bien et le mal, dilue le réel dans l'exagération. Il faut alors apprendre à* ménager avec le monde *pour ne pas être victime de la* mauvaise réputation, *marque indélébile qui sert toujours d'indice et bien souvent de preuve quand la police s'en mêle. C'est dans ce contexte souvent menacé qu'il faut comprendre l'extrême sensibilité populaire à sa réputation.*

*Etienne Juffet, imprimeur en lettres demeurant place Maubert désire se marier avec Thérèse Bisson fille majeure rue Galande. Prête à accoucher Thérèse Bisson cherche à obtenir le mariage. Etienne Juffet part à Lyon sous prétexte de demander à son père un consentement que celui-ci refuse. L'enfant naît entre-temps, et, de Lyon, Etienne écrit pour convaincre sa maîtresse de mettre le nouveau-né aux Enfants Trouvés. C'est sur la réputation de sa compagne qu'il argumente :*

Mais ce qui me fait de la peine c'est le parti que nous avons pris de le nourrir étant dans l'indigence comme vous êtes et le chagrin, quelle substance pouvez-vous lui donner, et en outre que voulez-vous que pensent le monde en voyant une fille seule, quand même ce ne serait que pour peu de temps avec un enfant qu'elle nourrit, c'est se donner un mauvais chapeau ainsi qu'à moi, nous avons besoin de ménager avec le monde *(Y 9829. 10 mai 1775).*

*Un bruit colporté suffit à la honte. Les parents des filles séduites y sont toujours sensibles, car les conséquences peuvent être très graves. Anne Marguerite Le Rolle, polisseuse en or rue Princesse, se plaint d'avoir été diffamée par Nicolas Simon, jaloux de la voir se marier avec un autre :*

*(Elle)* dépose qu'il a eu recours à la diffamation la plus meurtrière, il a supposé que dans sa province la plaignante avait été impliquée dans un procès criminel fort grave, dont elle était sortie avec le fouet et la marque, le mariage de la plaignante a alors été rompu, ce qui lui a occasionné une maladie cruelle de plus de 15 jours; et comme les insidieuses calomnies lui font perdre la réputation des marchands qui sont dans le cas de lui confier des bijoux précieux, elle est venue nous rendre la présente plainte *(Y 9825. 6 février 1775).*

*Les paroles volent :*

6 décembre 1778. Déclaration par Pierre François Goncelin, garçon parfumeur chez la veuve Fabre, rue neuve St Roch, contre Christine Pinont, demeurante rue Jacob, faiseuse de ménages et ravaudeuse, de ce qu'étant mariée avec Mathieu Tigonet il y a 5 ans et duquel elle a un enfant : elle loge et habite comme femme mariée avec le nommé Biolet commissionnaire, qui prétend que M. Tigonet est mort, et qui est lui-même marié à Gueblanche près St Pierre de Moutiers, et a eu de sa femme deux enfants *(Y 13819).*

Le 20 novembre 1778. 11 heures du matin. La femme Capitaine, rue de La Calandre, a déclaré qu'elle a en sa maison au 5ᵉ et sur le devant, un homme et une femme qui ne sont point mariés, lui se nomme Laumonier, savetier *(Y 12706).*

Augustin Vert, maître menuisier, rue de La Verrerie, dépose que depuis quelque temps, trois particuliers disent des mauvais propos contre lui et sa femme *(Y 9837. 30 septembre 1775).*

*L'écart est parfois faible entre la parole qui dénonce et le bruit qui fait déplacer les locataires et les passants. Jean Baptiste Guerville, apprenti de François Barbier, maître tonnelier demeurant chez lui rue Baillif, porte plainte contre son maître. Assigné pour être entendu, celui-ci raconte :*

Hier il était avec la femme Lambert dans son arrière-boutique, qu'ayant voulu donner à goûter à cette femme qui est celle d'un de ses compagnons qu'il a établi maître tonnelier, il a envoyé chercher une bouteille de vin et une brioche, qu'après ce goûter, la dite femme s'est en allée, que Guerville qui dans ce moment était ivre, se mit à déclamer contre cette femme, la nommant putain, que comme il faisait amasser du monde, il lui a dit Baptiste, rentrez dans la boutique, ou si vous voulez crier, allez crier place des Victoires *(Y 9824. 6 janvier 1775).*

*Si la parole s'enfle, elle peut devenir rumeur; elle prend alors appui sur l'émotion d'un groupe. Un jeu d'échos s'organise, qui inquiète fort les autorités : les sergents du guet ou la garde ne sont pas longs à surgir :*

Commissaire Blondel, 8 juillet 1783, 10 heures du soir, le caporal de poste au marché Saint Martin, a arrêté et conduit par devant nous deux particulières, Françoise Elizabeth Lebœuf et Marie Hyacinthe Parmentier, marchandes de marée et de fruits, dans le marché St Martin, lesquelles après s'être disputées toute la journée, ont causé une rumeur et un esclandre dans le dit marché, c'est pourquoy il les a arrêtés et conduits par devant nous pour être jugés *(Y 15117).*

*Si le scandale gagne et que le peuple s'émeut au point de vouloir faire arrêter un suspect, une clameur naît. Le suspect dès lors est arrêté* à la clameur publique *comme le notifient souvent les rapports du guet ou de la garde. C'est le cas d'un jeune homme arrêté, sur les cris de la foule,* pour avoir voulu violer une petite fille de 12 ans *(Y 9893. 30 août 1780).*

**L'injure**

*L'injure rejette l'autre dans un lieu où se reconnaître serait se renier. Si bien qu'aucun système de défense ne peut lui répondre. L'injure est matière de police, et le* Traité *de Delamare donne une place importante aux édits et ordonnances concernant les blasphèmes comme les injures. C'est d'abord le nom de Dieu qu'il faut préserver de toute souillure, ainsi que celui du Roi, personnage de droit divin. Profanations, sacrilèges, crimes de lèse-majesté sont sévèrement punis. L'insulte à autrui est aussi poursuivie : c'est un incident grave qui fait basculer l'ordre des images de soi. Le miroir soudain renvoyé par l'autre prend l'allure de l'insoutenable; l'injure a une force inouïe de destructuration par l'obscène, de corrosion et de dénigrement. Pour les mêmes raisons que celles qui rend le peuple attentif à sa réputation, l'injure excède et provoque des réactions d'une vivacité incontrôlée.*

*Au XVIII^e^ siècle les injures sont variées et les disputes retentissent de qualificatifs maintenant oubliés :* cul crotté, foutue drôlesse, savate de tripières *sont mots courants à l'époque, comme* garce *ou* putain. *Il n'est pas sûr d'ailleurs qu'il y ait une gradation dans l'injure; toutes suscitent des réflexes de violence et une réponse immédiate.*

*Jeffry Kaplow, dans un livre récent*[13]*, affirme qu'il y a dans les insultes des pauvres « une extraordinaire obsession du sexe mais plus encore des fonctions excrémentielles comme si tout un secteur de la population faisait une fixation anale ». Cette affirmation est trop facile et identifie une fois de plus le peuple à l'enfant. Si l'injure est de nature excrémentielle, si elle mélange la sexualité et la fange, n'est-ce pas d'abord parce qu'elle puise naturellement son imagerie dans un environnement trop évident? S'il faut se protéger des pots d'urine et des rigoles d'ordures, si les odeurs sont fortes à écœurer, si les portes ne cachent pas la vie privée, si la promiscuité est réalité, l'injure ne fait que reprendre en les rendant insoutenables les éléments du réel. Elle pose sur les personnes des qualificatifs qui appartiennent aux choses, à celles justement dont on se protège habituellement : une savate de tripière est l'objet répugnant qu'on quitte pour rentrer chez soi; avec cet objet s'opère une distance. L'injure est mutation du signifié. Elle corrode et égare l'ordre des choses.*

*Qui insulte qui? Deux grands types d'altercations donnent lieu à des injures : celles qui mettent en évidence des rapports de dépendance socio-économique; celles qui surgissent à propos d'une transgression dans les conduites privées. Les autres disputes sont également nourries d'injures, mais il est intéressant de noter que dans ce cas le vocabulaire mélange les connotations socio-économiques et les connotations sexuelles ou grivoises.*

*L'agacement constant qui existe entre gens de condition différente montre les tensions permanentes qui écartèlent l'ordre social. Fait de petits riens comme de grandes disputes, il enregistre l'ambiance passionnelle qui règne à Paris; parfois le notable, ou le riche, par leur seule présence, provoquent le désordre.*

François Ortion, avocat du Parlement, demeurant rue Tiquetonne, a rendu plainte contre le particulier arrêté, et trois autres qui se sont évadés, et nous a dit que revenant de la campagne, ayant très chaud, il est entré chez un limonadier, rue de la Lingerie, pour se rafraîchir, qu'en sortant les particuliers lui ont cherché querelle, et fut obligé de se mettre en défense avec sa canne *(Y 9831. 20 août 1775).*

*Le registre des rapports du guet et des inspecteurs de police, les rapports de la garde, sont remplis de ces incidents :*

19 juillet 1770. 9 h. du matin. Le caporal de poste au marché neuf arrête un garçon tonnelier, sur réquisition d'un mousquetaire qui se plaint de ce qu'on l'injurie. Ils sont relaxés *(Y 12705).*

19 avril 1770, midi. Quai de la Vallée, un cocher Jean Morin, 26 ans, natif de Normandie, conduisant le carosse 93, insulte deux bourgeois, Antoine Constant marchand tailleur, et Jean François Simon fabricant de bas. Envoyé à la prison du Petit Châtelet. Le carosse est remis à Segard, porteur d'eau du parvis, pour le reconduire *(Y 12705).*

8 avril 1781. Marie Anne Benoît, ouvrière en linge, injurie et donne un soufflet à un officier de robe courte à la barrière. Envoyée prison du Grand Châtelet *(Y 10632).*

26 avril 1781. Antoine Salochon, cocher, est arrêté pour insultes envers un baron qu'il conduit. Envoyé au Grand Châtelet *(Y 10632).*

*Le registre sexuel est particulièrement riche. Toute déviance, toute transgression est immédiatement épinglée, surtout s'il s'agit de femmes. Rares sont les hommes qui vont se plaindre devant le commissaire d'avoir été injuriés pour mauvaise vie; pour ivrognerie ou malhonnêteté, la plainte est déjà plus fréquente. Une exception pourtant :*

Lundi 24 avril 1775. Le Sieur Chevalier, orphèvre, demeurant rue de la Parcheminerie, se plaint contre le Sieur Fauconnier, orphèvre, demeurant chez le Sieur Primant orfèvre, pont Notre Dame, de ce qu'il répand de mauvais propos contre lui et le traite de sodomiste *(Y 13819)*.

*La sodomie et l'homosexualité sont choses si honteuses et si réprimées qu'il est déjà dangereux d'aller se plaindre d'en être soupçonné. Les insultes contre les femmes accusées de libertinage surprennent en revanche par leur fréquence et surtout par leur férocité quasi meurtrière, leur verdeur qui ne recule devant aucun détail et pousse l'adversaire jusqu'à la honte obligée. D'ailleurs on ne supporte pas et on s'en vient devant le commissaire. Hommes contre femmes, ou femmes entre elles, la violence du vocabulaire cingle et meurtrit, quoi qu'il en soit des faits réels.*

9 septembre 1767, Plainte pour les femmes Gounet, marchande de faïence, et la femme Biron, étalante sur le trottoir du quay de la vallée, contre la femme Massin, aussi étalante sur les marches du trottoir, pour des insultes telles que Puante, Putain, Gueuse, La Rouesse, Verolleuse, qu'elle les avait vues enfermées avec des hommes, Macrelle, qu'elle les ferait promener avec la queue d'un âne dans la bouche *(Y 12702)*.

25 août 1774. La dame de Bry, coiffeuse rue St Placide, se plaint contre la dame Vincent, loueuse de chaises, demeurante même rue, qu'il y a 3 mois sur ce que les chiens de la plaignante qui étaient enfermés chez elle hurlaient, et sur la demande que la dame Petit locataire de la même maison a faite pourquoy les chiens hurlaient ainsi, lui a répondu que c'était parce que la plaignante était sortie et qu'ils ne pouvaient pas la foutre comme d'habitude et comme ils avoient coutume de le faire, lequel propos la dite dame Vincent a tenu à tous ceux qui l'ont voulu entendre *(Y 13819)*.

*Ce sont parfois le mari et la femme qui viennent se plaindre, ou même le père et la fille. L'homme est mis en cause à travers les femmes qui dépendent de lui :*

Samedi 19 août 1785. 9 heures du soir. Henri Cressent, ancien maître es arts en l'Université de Paris et libraire, et Marie Thierry sa femme, demeurants rue des Cordiers, déposent contre Le Moine, vendeur de livres, que depuis longtemps Le Moine se répand en propos injurieux contre leur honneur et leur réputation, qu'elle plaignante est une putain qui va f... avec les abbés à tous vents, qu'elle est une cancéreuse, qu'il a parlé d'elle en la tutoyant parce qu'elle était un squelette et qu'elle mourrait squelette et cancéreuse.

Le 13 septembre. Nouvelle plainte contre ledit Lemoine, qu'aujourd'hui sur le pas de sa porte a dit qu'elle plaignante se faisait baiser par les abbés, que les abbés faisaient tomber des roupies sur mon mouchoir, qu'elle détalait tard exprès afin de faire ça avec des abbés, qu'elle était le torche-cul des prêtres *(Y 9952).*

6 mai 1775. Jeannette Limoge, fille couturière, demeurante chez son père, cocher, se plaint contre Leclerc cocher, qui lui a dit qu'elle avait la vérolle, que le père de cette dernière lui ayant demandé s'il l'avait retiré de dessous quelqu'un il lui a répondu que oui, et ceci a été dit en présence de plusieurs personnes *(Y 13819).*

*Dans bien des cas, par l'intermédiaire de la vérole tant redoutée de tous et si présente au XVIII^e siècle, les injures touchent à la santé du corps. De véroleuse, on passe à cancéreuse, puis à squelette par un cheminement révélateur : le corps se pourrit par la corruption de l'âme.*

*Intéressants sont les amalgames d'injures qui ont lieu pour un motif tout autre que celui de la dépendance sociale ou de la vie privée. Motifs sexuels ou moraux s'entrelacent selon une dynamique propre à l'insulte, et qui n'a souvent rien à voir avec l'enjeu réel de la dispute.*

Marie Champouillon, épouse de Lesur domestique, elle couturière, demeurante rue St Honoré, dit qu'hier allant à l'office à Saint Roch les femmes Riolet lui ont dit : te voilà foutue la rouesse, foutue voleuse qui a subtilisé mon billet de 50 écus, puis l'ont traitée de putain *(Y 9827. 20 mars 1775).*

*Joseph Bourbault, maître maçon faubourg Saint Martin, se plaint de ce que Leclerc plâtrier, demeurant même maison, fait boire ses chevaux dans la même « pierre » que les siens. Ils s'injurient et Leclerc insulte la femme de Bourbault :* en la traitant de garce, putain, banqueroute, bonnet vert *(Y 9885).*

*De curieuses litanies se forment ainsi, des suites de quolibets se débitent à la hâte tels que* gueuse — malheureuse — drôlesse — servante — putain *(Y 9889). Sans doute révèlent-ils les humiliations insupportables de l'époque : la dépendance, celle du malheur ou celle de la condition domestique, l'honneur bafoué, la subsistance menacée, la santé du corps trop souvent altérée. L'injure est miroir des blessures de la vie.*

**Le geste**

*Immobilisé par l'iconographie, enseveli sous les mots qui privilégient l'événement au détriment des corps qui le créent, le geste est indéfiniment dérobé à notre mémoire. Pourtant il se dessine au milieu d'une phrase, s'introduit dans les brèches du récit, éclate dans un détail. De sa ponctuation mouvante et expressive, il troue l'ordre du discours. Jamais réellement décrit, il est d'une présence paradoxalement familière et obsédante, parce qu'il n'a de cesse de prolonger le corps et sa parole d'une multitude de signes charnellement perceptibles. Il témoigne sensiblement de la mobilité des corps et de leur étonnante possibilité de subversion.*

*Bien évidemment, lues au premier degré, les sources judiciaires faussent la réalité puisqu'elles ont pour objet de relever les gestes délictueux, ceux qui tuent ou qui blessent, ceux qui indignent ou qui provoquent. Les interrogatoires comme les témoignages, les récits des sergents du guet comme les carnets des commissaires, libèrent à chaque instant de menues indications sur cette gestuaire méconnue et qui pourtant obsède les représentants de l'ordre. Ambivalence contradictoire du corps du pauvre à la fin de l'Ancien Régime : aussi faible et maladif qu'expressif et potentiellement puissant. Démuni, souvent mutilé par le travail, le corps possède une liberté émotive qui permet à la colère de devenir outrance, à l'indignation de devenir sédition. L'école n'a pas encore enchâssé le corps de l'enfant, les ateliers n'ont pas encore enchaîné les bras de l'ouvrier ni entravé leurs réflexes. Il reste aux corps la liberté de n'y mettre pas d'ordre, dans les limites bien entendu d'un consensus social qui ne favorise ni l'anarchie, ni la débauche. Dans ce cadre, les corps bougent et parlent, se côtoient et se coudoient, utilisent l'espace consenti à leurs gestes, donc à leurs désirs. Et même si les sources n'offrent pas le détail qui permettrait une véritable typologie des gestes usuels, elles restituent à la fois des situations et des événements qui trahissent l'incessant et foisonnant mouvement des gens dans la rue.*

*Le geste du travail n'est pas encore moulé selon des disciplines efficaces et rigides. Les manufactures qui se mettent en place à la fin du siècle font justement l'objet de sévères critiques de la part des inspecteurs et des médecins, par leur manque d'hygiène et les conditions déplorables dans lesquelles les ouvriers doivent y travailler. Les corps y sont trop malmenés et cela stupéfie un monde qui ne s'est pas encore habitué aux techniques et aux machines; on passera insensiblement de la juste colère à la recherche de remèdes : ce sera l'automatisa-*

*tion contrôlée des corps et des objets. Dans les rues parisiennes du XVIII<sup>e</sup> siècle, l'atelier ouvre grand sur le dehors et résonne du bruit des outils et des exclamations des artisans. De partout sont visibles les gestes du travail. Cette visibilité, cette transparence sont à la fois une force et un gage d'éventuelle liberté. Les gestes sonores et visibles rythment les heures et les conversations, ils ne se séparent guère de ceux de la vie domestique.*

Il faut les entendre élancer leurs voix par dessus les toits; leur gosier surmonte le bruit et le tapage des carrefours. Il est impossible à l'étranger de pouvoir comprendre la chose; le Parisien lui-même ne la distingue que par routine. Le porteur d'eau, la crieuse de vieux chapeaux, le marchand de ferraille, de peaux de lapin, la vendeuse de marée, c'est à qui chantera sa marchandise sur un mode haut et déchirant. Tous ces cris discordants forment un ensemble dont on n'a point d'idée lorsqu'on ne l'a point entendu. (...) Les servantes ont l'oreille beaucoup plus exercée que l'académicien; elles descendent l'escalier pour le diner de l'académicien, parce qu'elles savent distinguer du quatrième étage, et d'un bout de la rue à l'autre, si l'on crie des maquereaux ou des harengs frais, des laitues ou des betteraves (...) C'est une inexplicable cacophonie pour tout autre [14].

*Ces gestes et ces cris qui fabriquent une culture commune, restent indéchiffrables à l'étranger. Et de l'incompréhension, on passe aisément à l'inquiétude.*

**Rencontres**

*Le geste le plus courant, celui qui accompagne naturellement une rencontre nouvelle entre deux personnes, c'est d'aller* boire chopine avec elle, prendre un poinçon d'eau de vie *ou lui offrir un verre de vin au cabaret le plus proche. Là on lève le bras, on trinque et on rit.*

Louis François Ganneron, maître charron, demeurant rue N.D. de Nazareth, rencontre une femme, et s'en va boire un poinçon d'eau de vie chez un vinaigrier près la porte St Martin *(Y 9827. 21 mars 1775).*

Didier Royer, compagnon maçon, rencontre Bareau, carrier, vers les 8 heures du soir, et va boire avec lui au Petit Gentilly chez le nommé Baudin cabaretier *(Y 9830. 17 juillet 1775).*

*Dans la rue, on plaisante, on badine, on musarde au hasard des rencontres.*

Michel Louis, 12 ans, demeurant chez son père inspecteur de police, raconte qu'il est allé 2 fois chez la dame Bourgois marchande joaillière rue montmartre, la première fois pour une tabatière à raccomoder, que la dame lui a mis en badinant du blanc sur ses habits et a brossé ensuite, qu'il y est retourné avec un habit et qu'elle lui a jeté de l'eau dans le col et qu'il a pris une bouteille pour en asperger la dame *(Y 9831. 13 juillet 1775).*

*Quelques passants se plaignent de mauvaises plaisanteries : les enfants jouent trop brutalement sur le pavé, ils lancent de vieux noyaux de fruits à tort et à travers, se cachent derrière des pans de mur d'où ils éclaboussent les passants, se lancent entre les roues des cochers, excitent les chiens pour faire peur au premier venu. La plupart du temps, ils sont bien sûr impunis.*

Marie Louise Gambrier, épouse du sieur Nicolas Tonny commis libraire rue St Séverin, Marie Ursule Fordy fille majeure demeurante même rue, Henri François Gambrier maître tourneur demeurant rue des Cordiers, ont déclaré qu'hier mardi passant sur les

8 heures 1/2 du soir rue de la Harpe vis à vis la porte de l'amphithéâtre du sieur Desaux, démonstrateur d'anatomie, la demoiselle Fordy qui tenait Gambrier par le bras et était du côté du ruisseau s'est sentie serrée par le col avec une violence, qu'elle porta la main au col en disant qu'on l'étranglait, qu'elle sentit un fil passé qui la serrait si fort qu'elle perdit la parole, qu'elle parvint à desserrer ce fil et à le faire remonter au dessus de sa tête, que la dite Tonny fut prise par la jambe et renversée sur une borne, qu'il y a lieu de croire que ce fil était tendu dans la rue et guidé par des gens cachés dans les allées ou les maisons, qu'il est venu 12 jeunes gens qui riaient et faisaient des gestes ironiques *(Y 9949. 30 mars 1785).*

*La rue est tendre aussi. Les femmes y portent leurs enfants sur les bras même lorsqu'ils sont déjà un peu grands, les couples partent aux guinguettes enlacés et s'arrêtent pour danser au son de la musique des jours chômés, les baisers pris à la volée sont choses coutumières, mais pas toujours appréciés.* Toutes les fois qu'il la rencontrait, il l'agaçait et cherchait à l'embrasser et à badiner avec elle. *C'est Marie Moulard 17 ans ouvrière travaillante en serrurerie qui parle de son voisin tailleur. Ceux qui se fréquentent s'embrassent sans se cacher, s'assoient sur les genoux de leur compagnon dans l'escalier de l'immeuble. Ces familiarités sont visibles, les gestes même lestes ne recherchent pas toujours le secret :*

Claude Grosse, 32 ans, valet de chambre sans place, n'a vu Anne Adot, femme de chambre sans condition qu'une seule fois, il l'a invité à souper et affirme l'avoir caressé dans le cabaret près de la cheminée de manière que son jupon en a été brûlé jusqu'à la ceinture *(Y 12705).*

*Cette foule qui exprime avec aisance ses plaisirs et ses émotions, frissonne de gestes si vifs et si naturels qu'elle ne cache jamais ses possibilités de violence. Du plaisir à l'émotion, on passe vivement au conflit — lui aussi est visible, il se passe dans la rue à grands renforts de coups, de cris et d'injures.*

## II

## La violence de la rue

*Omniprésente dans les plaintes déposées au Petit-Criminel, dans les registres du guet comme dans les carnets des commissaires, sans parler des registres de la Basse-Geôle, la violence de la rue est une des composantes essentielles de la vie quotidienne parisienne.*

Le sergent de poste est requis de se transporter rue St Louis au Marais, pour arrêter un particulier, porteur d'eau, qui avait blessé une femme, Gabrielle Reville femme de François Henry commissionnaire, 52 ans, demeurant chez Huard, marchand de vin rue St Louis, se plaint contre François Desforcet, 22 ans, porteur d'eau, demeurant rue des Nonandiers, le porteur d'eau lui ayant monté une voie d'eau, il a voulu lui faire payer 4 sols parce qu'elle était seule, elle n'a voulu donner que 3 sols, alors il lui a donné un coup de pied dans la hanche et l'a jetée à terre, lui a arraché les cheveux et lui a fait de graves écorchures au bras.

René Verol, fourbisseur et Marie Anne Devaux, sa femme, demeurant enclos de St Jean de Latran, pour éviter une voiture, ont été forcés de se ranger auprès d'une boutique de Vigier, parfumeur, qu'au même instant trois particuliers furieux d'avoir été coudoyés les ont battus et maltraités *(Y 9832).*

*Excessivement nombreuses, les violences individuelles n'ont pourtant pas semblé préoccuper gravement les intellectuels et les politiques de l'époque. Juristes et philosophes sont d'abord obsédés par l'importance de vols commis chaque jour dans la capitale. Les chroniqueurs comme Mercier ou Sauval, les voyageurs comme Nemeitz ou Marana, insistent sur les dangers de la circulation, la saleté des rues, et les activités incessantes des petits détrousseurs. Les historiens eux-mêmes ont longtemps sous-estimé l'importance de ces rixes quotidiennes. Il n'est pas impossible qu'ils aient inconsciemment reproduit, sans critique ni remise en cause, la grande peur de la fin de l'Ancien Régime : l'atteinte à la propriété privée.*

*Les procès officiels, ceux qui peuvent aller jusqu'au Parlement, parlent rarement de violences, à moins qu'il n'y ait meurtre ou assassinat. Ils concernent plutôt les vols d'argenterie et de linge, les escroqueries, les faillites et les vols domestiques. C'est donc en travaillant hors de la criminalité légale, sur les plaintes portées devant commissaires — celles qui ne feront pas toujours l'objet d'un procès véritable, faute de gravité ou de moyens financiers — et plus encore sur les registres du guet et les carnets de police, que transparaît la violence, phénomène massif, constant et surprenant par l'intensité de sa brutalité. On comprend alors à quel point elle a été occultée jusqu'ici : cette violence est propre au petit peuple. Les bourgeois et les nobles ont d'autres façons, moins triviales et grossières de s'affronter.*

**Les règles de la violence**

*Le peuple résout ses conflits sur le champ, à coups de poings, de pieds, ou avec les outils de son travail. Sa violence, d'ailleurs, ne s'exerce pas contre les riches — c'est pourquoi elle n'a guère été enregistrée par ceux qui ont écrit l'histoire. Un gagne-deniers n'écharpe pas un bourgeois croisé dans la rue; le rapport de forces serait sans issue; à tout le moins, s'il le côtoie dans une foule, lui dérobera-t-il furtivement un de ses rubans de soie. L'affrontement individuel entre membres de classes différentes n'existe qu'exceptionnellement; pour atteindre ceux qui les dominent, les pauvres n'ont qu'un moyen : s'en prendre aux soldats du guet, aux huissiers venant faire saisie, aux archers de l'hôpital arrêtant les mendiants. Les riches ne peuvent être directement atteints, il faut passer par ceux qui justement les défendent, ceux qui ont ordre de faire écran entre la masse des pauvres et les minorités privilégiées. La police, dès lors, est le lieu limite sur lequel se fixe la colère du pauvre contre les puissants.*

*En dehors de ces « défis à l'ordre », nombreux et importants, qui projettent la violence hors des membres des couches populaires, les incidents de la rue qui éclatent brusquement, partout, sont sans nul doute, une forme d'expression populaire. La violence obéit à une logique rigoureuse. Elle a ses règles et ses motifs, et ne surgit qu'aux endroits où se joue un subtil rapport de forces entre les partenaires. Il y a des lieux et des moments où le jeu de la différence entre les partenaires induit un type de conflit bien particulier. Ce sont ceux des échanges économiques et sexuels, ceux précisément où se vivent déjà des états de dépendance. Même si victimes et violents ont en commun une réelle précarité de condition, l'un des partenaires détient sur l'autre un droit ou un avantage.*

*La violence de la rue étonne nos sensibilités modernes. Les rapports des médecins et des chirurgiens du Châtelet chargés d'examiner les blessures et d'ordonner les soins nécessaires renseignent sur la gravité des coups et blessures. Tout est bon pour frapper : ustensiles tranchants, bouteilles, tabourets de bois, serpettes, poëllons et chaudrons, fourches de rôtissoires. Les outils, comme les gestes de la violence sont à l'image des conditions de vie. L'agression est tout simplement une réponse à l'autre violence, celle des jours.*

**Les intérêts**

*L'argent appelle la violence. Les lieux où il circule, la maison, le marché, l'atelier, sont souvent le théâtre d'agressions ou d'échauffourées que le regard de la foule est souvent seul à tempérer.*

*Le logement et les transactions dont il fait l'objet sont l'occasion d'incessants affrontements. Le* principal-locataire, *responsable de ceux qui habitent chez lui, maître de les accepter ou de les refuser, possède un pouvoir réel sur ses locataires. Pouvoir renforcé par les autorités de police qui lui demandent de tenir le registre de ceux qui vivent en chambres garnies. Attentif aux mauvaises conduites comme au défaut de paiement, curieux de tout ce qui se passe entre ses locataires, le logeur est tracassier. Inquiet de ne pas voir rentrer l'argent, bien qu'il ne soit pas propriétaire (c'est souvent un aubergiste ou un marchand de vin), il flaire les trafics de sous-location organisés sous son toit et pourchasse les déménageurs clandestins du petit matin. Le rapport de force dégénère souvent en bagarre.*

22 juillet 1775. 10 h 1/2 soir, est comparu Pierre Bazerche, maître cordonnier à Paris, y demeurant rue St Victor, lequel nous a rendu plainte contre Adrien marchand de vin à Paris, dit qu'il y a environ 3 ans, il avait sous-loué du dit Adrien une chambre, à raison de 60 livres, à la sœur du dit Adrien et n'a pu être en mesure de payer le surplus, qu'il y a 15 jours étant entré chez Adrien, il reçut un coup de soufflet et de canne, et qu'aujourd'hui il lui a porté des coups d'assiette en lui disant : tiens coquin, voilà pour mon paiement.

Sieur Adrien, 43 ans, marchand de vin, assigné pour être ouïe déclare qu'il a loué une chambre il y a 3 ans au Sieur Bazerche pour le loyer de laquelle il lui doit 15 francs, qu'il lui a demandé le terme et les 50 sols que le comparant lui avait avancé pour faire des souliers avant les fêtes de la Pentecôte, que Bazerche n'a point fait les souliers et a gardé l'argent, et qu'ils se disputèrent, Bazerche lui allongea un coup de pied en disant : si je ne suis pas le plus fort, je serai le plus traître, alors il lui jeta à la tête une assiette de faïence *(Y 9831. 22 juillet 1775).*

29 novembre 1775, est comparu Jérôme Picard, demeurant rue des Jeûneurs, rend plainte contre les frères Billouard, rue des deux portes, étant chez les demoiselles, ses sœurs, qui tiennent un appartement des dit Billouard dans la même maison, ces derniers sont entrés dans la seconde pièce, l'ont traité de maquereau en lui portant des coups de poing à l'estomac. Le traînant par les cheveux, menaçant de lui couper les oreilles et qu'il les mettrait dans sa poche et cela n'a été occasionné que parce que le plaignant a cédé l'appartement qu'il avait loué des dits Billouard à ses sœurs *(Y 9836).*

*Lieux des menus échanges, la halle, le marché de rue et la boutique sont traversés par la violence. Sur le marché, vendeurs et clients sont souvent fort proches dans le dénuement et d'autant plus attentifs au moindre gain, à la plus petite perte. Le marchandage rituel tourne vite à l'empoignade où la foule prend parti et que la garde doit calmer rapidement de peur d'événements plus graves. Sans aucune prise sur le système économique, vendeurs et clients sont sur le marché en état de défense réciproque : c'est entre eux que la colère surgit, faute d'identifier toujours d'autres responsables; la violence des pauvres s'exagère souvent dans la détresse.*

7 mai 1785. Plaignants : Antoine Hugard compagnon plombier, et Marie Marguerite Opéron sa femme,

elle regratière * de légumes à la halle, demeurante rue de la cossonnerie paroisse St Eustache.

Il y a une demi-heure, la dite Hugard étant étalée à sa place, occupée à vendre ses légumes, vint un particulier qu'ils ont appris se nommer Delire, fruitier, tenant échope au marché des Enfants Rouges, lequel marchanda 6 bottes d'asperges qui se trouvaient séparées de 6 bottes étales, qu'ils convinrent du prix à la somme de 6 livres pour 6 bottes, qu'il paya et s'éloigna sans prendre les légumes pour faire d'autres emplettes, qu'elle mit de la paille sur les bottes pour les dire vendues, que le particulier revenu voulut choisir 6 autres bottes, qu'elle refusa, alors un violent coup de poing dans l'estomac, la renversa sur le carreau en sorte qu'elle a de très vives douleurs à la mamelle droite, d'autant qu'elle est enceinte de 7 mois et que le dit Delire lui a dit qu'il allait lui porter cent coups de pied dans le ventre *(Y 9949).*

**Le maître et l'apprenti**

*L'atelier est un lieu patriarcal; l'autorité du maître sur l'apprenti est comparable à celle du père sur les enfants. Souvent embauché sans contrat, l'apprenti doit obéissance au maître; nourri et logé par lui, il vit dans l'atelier et pose la nuit sa paillasse près de son établi, à moins qu'il ne dorme juste au-dessus de l'atelier dans l'entresol. Sa dépendance est complète, et pourtant son état est envié. C'est une chance de trouver une place stable chez un maître. Les maîtres en abusent : le chantage au renvoi laisse peu de recours à l'apprenti.*

* Vendeuse de regrat, c'est-à-dire d'aliments ayant déjà servi sur la table des grands.

22 août 1775. 4 heures de relevée, est comparu Germain d'Ardoise mineur de 19 ans, ouvrier en papier, travaillant chez le sieur Rambault, manufacturier, rue St-Nicolas du Chardonnet, et demeurant cher son père rue St Paul, dit que le sieur Rambault est entré à l'atelier avec une canne à la main et dit gueux, décampe d'ici et fous moi le camp, et comme il ne se levait pas assez vite et lui demandait son argent, il lui porta trois coups de canne sur l'épaule gauche, lui déchira la manche de son habit et le jeta à la porte, dit qu'il veut des dommages-intérêts proportionnés aux coups puisqu'il est empêché de trouver de l'ouvrage *(Y 9832).*

*C'est justement la peur d'être* empêché de trouver de l'ouvrage *qui fait accepter à certains apprentis des humiliations et des mauvais traitements, qui vont parfois jusqu'à indigner ceux qui en sont témoins.*

30 août 1775. 8 heures du matin, Jean Gaché maître voiturier, demeurant rue du faubourg Saint Martin, rend plainte contre Brillant marchand mercier, demeurant rue Phelipeaux, en disant que ce dernier a coutume d'étaler à l'ancienne halle au bled à l'aide d'un jeune homme, qu'hier il est venu rejoindre le jeune homme et l'a maltraîté parce qu'il n'avait rien ou peu vendu, que la femme du nommé Paysan, vendant des denrées, lui a fait des reproches, et qu'il l'a traité de garce et de putain et sauta sur elle en voulant l'étrangler, que la sœur de cette femme allant au secours fut aussi cruellement maltraitée et resta évanouie *(Y 9832).*

*En 1775, Georges Crêté, garçon boulanger a eu le tort de se montrer peu soumis. Il se retrouve à la prison du Grand Châtelet sans avoir été réellement entendu. Conscients du danger qui le menaçait s'il persistait dans sa colère, les autres garçons de boutique ont vainement tenté de le raisonner. Peut-être voulaient-ils aussi se démarquer d'un camarade encombrant. D'autant que 1775 est, à Paris, l'une des dernières années de disette.*

Est comparu Gilles Hérodeau, maître boulanger à Paris, demeurant rue Saint Jacques Paroisse Saint Benoît, lequel nous a dit qu'il y a environ six semaines que le nommé George Crété garçon boulanger, 21 ans, natif de Paris, demeurant depuis six semaines dans la maison, travaille chez lui, que depuis ce temps, il a fait différentes insultes au comparant et à la demoiselle Guillemain sa sœur qui dirige son ménage, a même maltraité un de ses autres garçons, qui ce jourd'hui étant à souper, le dit Crète a cherché à faire du bruit, et s'est plaint sur la nourriture, que le comparant lui ayant représenté qu'il avait tort de faire du bruit, à chaque instant, chez lui, il s'est emporté comme un furieux, a traité le comparant de Jean foutre et la demoiselle Guillemain de foutue gueuse, putain, s'est armé d'un pain avec lequel il a voulu le frapper, ce qu'il aurait fait, si les autres garçons ne l'eussent retenu, que le comparant lui a fait son compte et a voulu le renvoyer, mais lui toujours violent et furieux a continué son baccanal et comme il y a 3 heures qu'il fait esclandre et tapage, il s'est vu dans l'obligation de requérir la garde.

George Crété, garçon boulanger, 21 ans, dit qu'il est vrai que dans sa colère il a tenu des propos, mais affirme qu'il n'a menacé personne.

Attendu qu'il nous est apparu suspect et violent, avons demandé qu'il soit envoyé sur le champ à la Prison du Grand Châtelet pour y être ouï et interrogé, instruction continuée *(Y 9832).*

*La résistance des apprentis aux conditions de vie qui leur sont faites se marque de plus en plus à mesure qu'on avance dans le XVIII^e^ siècle. Les maîtres*

1/ Les Embarras de Paris : un thème iconographique et littéraire. (Gr. de F. Guérard, 1720 / *Photo Bibl. nat. Paris.*)

2

3

2/3/ L'échoppe ouvre sur la rue : *(Les cris de Paris*, 1720 et *La fontai*
gr. de Cochin d'après Chardin / *Photos Bibl. nat. Paris.)*

4/5/ Les métiers du pavé : le tonnelier *(Les cris de Paris* de Bouch
don) et la ravaudeuse dans son baquet *(*Gr. de Fritisch / *Pho*
*Bibl. nat. Paris).*

4

5

6

## UN ENVIRONNEMENT AGRESSIF

6/ Les dépouilleuses d'enfants : même les enfants n'échappent p au vol. (Gr. de Dunker pour les *Tableaux de Paris* de L. S. Merci 1787. Bibl. nat. / *Photo Gallimard.*)

7

8

7/8/ « Tu payeras mon habit, salope! »
Les avanies du porteur d'eau. (Détail des *Embarras de Paris*, 1720 / *Photo Bibl. nat. Paris*.)

9

10

9/ Les risques. (Gr. de Guérard / *Photo Bibl. nat. Paris.*)

10/ La destruction des maisons, prélude à l'assainissement urbai (*Le pont Notre-Dame en 1786*, par Hubert Robert, Musée Ca navalet / *Photo Bulloz.*)

11/ Lavandières et bateliers. (Hubert Robert, *Voûtes du quai de Ge vres*, Musée Carnavalet / *Photo Bulloz.*)

11

12

Passant le toit d'une Collégiale
Il laisse choir son butin dans la Halle
Mainte poissarde accourt à cet objet

13

14

15

2/ La sociabilité de la rue : le jeu des enfants... (Gr. de Saint-Aubin / *Photo Bibl. nat. Paris.*)

3/ ... et le caquet des poissardes. (Bibliothèque du Musée Carnavalet / *Photo Gallimard.*)

4/15/ Amours et privautés. (Gr. de Binet pour *Les Aventures des Belles Marchandes* de Rétif de la Bretonne, 1783 / *Photo Bibl. nat. Paris* et gr. de Dunker pour L. S. Mercier / *Photo Gallimard.*)

16

17

18

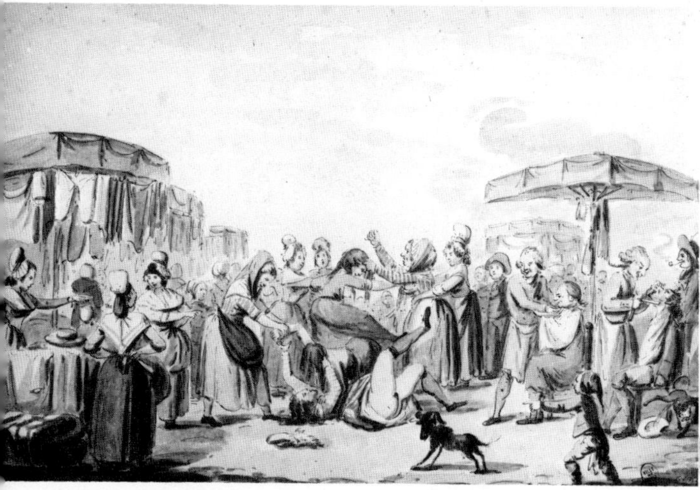

19

16/17/ Les plaisirs du peuple : Ramponneau, le cabaret de la Basse Courtille. (Musée Carnavalet / *Photos Bulloz.*)

18/ La fête aux Porcherons.

19/ Dispute de femmes ne trouble pas la foire. (Musée Carnavalet / *Photos Bulloz.*)

LES PLAISIRS
OFFERTS
AU PEUPLE

20

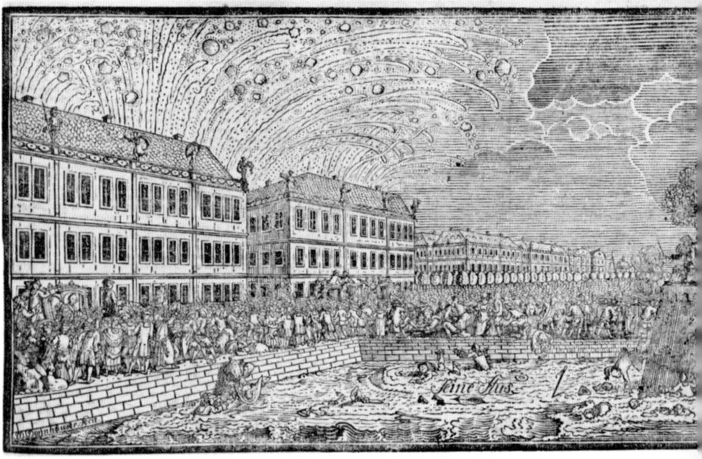

21

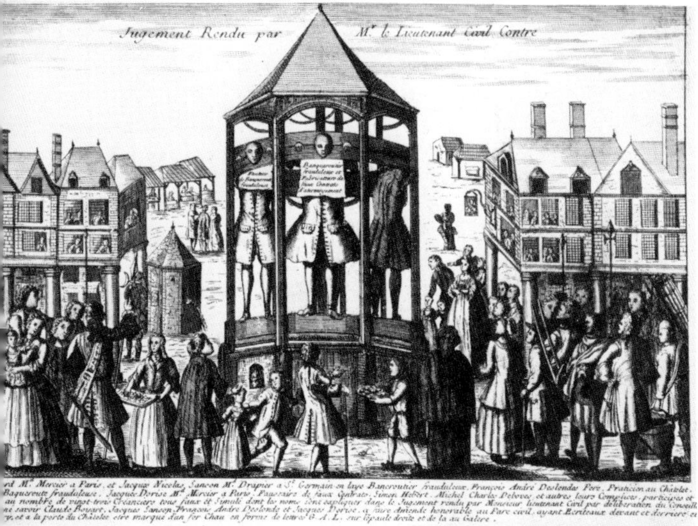


22

23

20/ Réjouissances : l'argent jeté au peuple.

21/ … feu d'artifice et noyade lors du mariage du Dauphin. *(Photos Bibl. nat. Paris.)*

22/23/ Spectacles : le pilori et l'échafaud. (Mise au pilori de banqueroutiers frauduleux et exécution de Lally-Tollendal, Bibliothèque du Musée Carnavalet / *Photos Gallimard.*)

24

24/ La maréchaussée : une vaste entreprise. (Almanach de la maréchaussée pour l'année 1780.)

25/ Le contrôle de la rue : l'éclairage. (Gr. des *Nouveaux Cris de Paris.*)

26/ L'arrestation : filles de joie, maquerelles et maquereaux. *(Photos Bibl. nat. Paris.)*

25

26

27/ Le peuple contre le guet, août 1788 : une simple rixe entre poli
et marchands déclenche l'émeute pré-révolutionnaire. *(Pho*
*Bibl. nat. Paris.)*

*en viennent plus souvent à s'en plaindre : ils sont querelleurs, insolents, ils ne font pas l'ouvrage, menacent même de partir sans permission, réciproque intolérable du droit du maître à chasser son apprenti.*

*A la fin de l'Ancien Régime, le climat qui règne dans la domesticité comme dans le milieu des garçons et apprentis semble lourd de tensions. Les revendications vis-à-vis des maîtres sont à la fois plus âpres et plus précises, comme si se délimitait l'exigence de véritables droits. L'apprenti préfère souvent risquer l'emprisonnement plutôt que se soumettre. L'enjeu est lourd de conséquences : l'apprenti ne peut — sauf exception — guère attendre des juges.*

16 août 1775. 7 heures du soir, nous avons trouvé une multitude de monde au devant de la boutique du sieur Louis Thuillenne marchand cordonnier, bottier du Roy, lequel nous a dit que depuis 5 mois, le nommé Fontaine, garçon cordonnier, travaille chez lui, que depuis ce temps il n'y a point de désagrément qu'il n'essuie de sa part, ne voulant pas travailler, lui laissant son ouvrage en arrière, qu'aujourd'hui le comparant voyant qu'il se disposait à partir, l'a prié de finir ce qu'il avait commencé, Fontaine se lève, le comparant se mit au devant de lui pour l'empêcher et que Fontaine lui porta plusieurs coups de poing très violents au visage du comparant, lesquels coups lui mirent le visage tout en sang.

17 août 1775. Interrogatoire de Fontaine, a dit qu'aujourd'hui étant de mauvaise humeur, son maître dit qu'il lui donnerait cent coups de bâton, que lui répondant dit qu'il ne le souffrirait pas, qu'à l'instant il lui a porté un coup de poing, qu'il a alors rendu.

Mis en liberté à charge de se représenter pour être ouï *(Y 9832).*

*Les servantes, elles aussi — parfois aidées de leur mari —, n'aiment pas être tenues pour rien.*

5 juin 1775. 7 heures du soir, est comparu Josef Lemonnier, domestique au service de Monsieur le Grand agent de change, a rendu plainte contre la dame Goujet, demeurant rue des marais faubourg St Germain, a dit que Marguerite Assenet, sa femme, est entrée cuisinière chez cette dame dans le commencement du mois d'avril, que la vie singulière que cette maîtresse mène et les mauvais procédés dont elle use envers ses domestiques ont déterminé Marguerite à demander son congé, qu'elle s'y est trouvée résidente et lequel elle a éludé de lui accorder lui disant qu'elle le lui donnerait dès qu'elle en aurait une autre, puis qu'elle la traite indignement, lui refusant de payer ses dettes, déchira le livre et lui jeta au nez en lui disant qu'elle était une voleuse *(Y 9829).*

*Les tensions s'exacerbent quand le travail vient à manquer :*

Lundi 10 juillet 1775. Six heures du soir, François Thierion maître maréchal, faubourg montmartre, fait arrêter un particulier Louis Armand, 18 ans, taillandier demeurant rue des Rosiers. Le particulier arrêté et deux autres sont entrés chez lui pour lui demander de l'ouvrage de façon insolente, sur son refus ils l'ont injurié et maltraité *(Y 9834).*

Dimanche 15 octobre 1775. 4 heures de relevée, le sergent de poste est requis de se transporter rue mouffetard où il a trouvé la maîtresse de la maison qui venait d'être terriblement maltraitée par des garçons couvreurs, à coups de canne, et qui est toute ensanglantée. Il s'agit de Catherine Lemoine, femme de François Le Chaptoir, maître couvreur à Paris, ils sont venus dans sa boutique et ont reproché que son mari leur avait enlevé de l'ouvrage et ont ajouté que c'était un meurt-de-faim, l'ont traité de garce et qu'ils auraient la vie de son mari, se sont jetés sur elle *(Y 9835)*.

### La revendication du travail

*Dans la rue, les ouvriers tentent de défendre leurs salaires contre les maîtres. Ces revendications se font souvent dans des conditions précaires, de manière individuelle, au grand risque de ceux qui s'insurgent contre leur sort même si çà et là s'ébauchent des formes d'alliances collectives.*

Avril 1724. L'argent est diminué d'un tiers cette année; mais on éprouve bien de la difficulté pour remettre les choses en règle, ce qui fait connaître le danger qu'il y a d'accoutumer les ouvriers à gagner beaucoup. Il leur paraissait doux de ne travailler que trois jours de la semaine, et d'avoir de quoi vivre le reste. On peut voir jusqu'où va la faction de ces gens du peuple.

Il y a peut-être 4 000 ouvriers en bas. A la première diminution des espèces, ils ont voulu gagner 5 sous de plus par paire de bas. Il a fallu que le marchand leur accordât. A la seconde diminution, le marchand a voulu diminuer de 5 sous : l'ouvrier n'y a pas consenti; le marchand s'est plaint. Les ouvriers se sont mutinés. Ils ont menacé de coups de bâton ceux d'entre eux qui prendraient de l'ouvrage à moindre prix, et ils ont promis un écu par jour à ceux qui ne pourraient point vivre sans cela. Pour cet effet, ils ont choisi un secrétaire qui avait la liste des ouvriers sans travail, et un trésorier qui distribuait la pension. Ces ouvriers demeuraient dans le Temple. Ils profitaient du besoin qu'on a d'eux et faisaient les séditieux. On s'est plaint au contrôleur général. On en a fait mettre une douzaine en prison, au pain et à l'eau. Cela montre qu'il ne faut pas laisser le peuple se déranger, et la peine qu'on a à le réduire [15].

*Bien des disputes entre compagnons ou apprentis ont pour motif des ruptures de solidarité dans le travail ou la revendication.*

Lundi 6 mars 1775, 10 heures du matin, a été amené par Ch. Asselin caporal de la garde de Paris de poste à la porte montmartre deux manœuvres qu'il a arrêté à la réquisition d'un autre, qu'ils avaient maltraité parce qu'il continuait à travailler pour le maître qu'ils avaient quitté.

Jean-Baptiste Bled manœuvre à maçon, logeant à la Haute Courtille paroisse de Belleville, a rendu plainte contre les deux particuliers, samedi dernier, le sieur Jeulin, entrepreneur, pour qui il travaille a dit qu'il ne voulait plus donner que 20 sols au lieu de 22 et que ceux qui ne voudraient pas accepter n'avaient pas besoin de revenir, que lui se contentant du prix de 20 sols est revenu travailler ce matin, que les deux manœuvres arrêtés sont venus après avoir bu l'eau de vie et irrités de le voir continuer à travailler, ils se sont jetés sur lui et l'ont violemment maltraité de coups de pied et de poing, l'ont pris par les cheveux et renversé à terre, et que sans l'arrivée de plusieurs personnes qui se sont opposées à leurs violences ils lui auraient fait un mauvais parti, que la garde étant survenue, les dits particuliers ont été conduits en notre hôtel.

7 mars. Interrogatoire de Malot, 20 ans, natif de Normandie, demeurant rue de la Tannerie chez une logeuse. ... a dit que les ouvriers et Bled à leur tête étant convenus de la demande de leur maître 22 sols par jour et de ne point travailler à 20 sols, lui et d'autres camarades se sont en effet retirés et Bled au contraire est resté, qu'hier le maître a envoyé à la

grève redemander à luy et à ses camarades à 22 sols et les a fait mener au bâtiment où travaillait Bled, qu'ils lui ont fait des reproches de les avoir excité à demander une augmentation de salaire et d'avoir ensuite repris l'ouvrage à 20 sols et l'ont appelé Capon et se sont bagarrés *(Y 9826).*

*La solidarité va parfois jusqu'au refus de travail collectif. Rares au XVIII^e^ siècle, ces mouvements existent pourtant et même de façon ponctuelle ils préoccupent les autorités. Ce ne sont pas des grèves à proprement parler — d'ailleurs le mot lui-même n'est pas employé avant la Restauration*[16]*, et même à cette époque, il n'a pas le sens précis où nous l'entendons actuellement. « Etre en grève », au XVIII^e^ siècle, c'est se mettre sur le marché de l'emploi, donc aller place de Grève où les différents corps de métiers recrutent dans les cabarets alentour les saisonniers arrivés pour le travail d'été (du bâtiment par exemple). Et quand on refuse le travail, on se remet en place de Grève en attendant collectivement de meilleurs salaires. En 1724, les bonnetiers décident d'arrêter le travail pour obtenir de meilleurs salaires. En 1756 les tisseurs de garde provoquent une grève de plusieurs jours. En 1776 les ouvriers de la reliure refusent de travailler s'ils n'obtiennent pas satisfaction dans leurs revendications, et neuf ans plus tard, en 1785, éclate la grève des maçons et des tailleurs de pierre.*

*Un an plus tard, Paris est surpris par une grève de gagne-deniers*[17] *très violente et réellement organisée de façon efficace*[18]*. Les ports de Seine sont immobilisés par ce brutal arrêt de travail et la police prend d'autant plus peur qu'elle se méfie grandement depuis les années 1760 de tout ce qui se passe autour des fleuves et des voies d'eau, persuadée que toutes les calamités peuvent survenir de ces lieux où rôde une population mal définie de gagne-deniers, porte-faix, de blanchisseuses, de prostituées et de mariniers*[19]*. Une sentence de police du 16 juin 1778 confirme* *l'inquiétude de la police : elle tente d'écarter les travailleurs de ces endroits mal famés, pour éviter que ne se mêle au bord de l'eau une population peu sûre et revendicatrice.*

Sentence de Police qui fait défenses à tous gagne-deniers, dont le service au travail n'est point relatif à la marchandise de vin, de fréquenter les ports au vin de cette ville et qui interdit à Guillaume Taureau, gagne-deniers travaillant au Bois Flotté, de tout travail sur les ports et le condamne à 50 livres d'amende, pour avoir bu du vin par l'ouverture d'un tonneau, exposé en vente sur le port de la halle au vin [20].

*Avant que n'éclate la grève des gagne-deniers, des incidents avaient eu lieu à Sens et une ordonnance de police du 6 octobre 1785 montre bien le problème qui se pose aux autorités parisiennes et leurs réactions.*

Portons défenses à tous ouvriers, travaillant aux flots de bois à brûler, et notamment à ceux du port de Sens, de cabaler, s'attrouper et refuser de travailler aux prix ordinaires et qui donne acte au Procureur du Roi et de la ville, de la plainte par lui rendue contre les nommés (...) pour raison de cabale, attroupement et refus de travail et lui permet d'en faire informer.

(...) les ouvriers de Sens ont cherché à se prévaloir du besoin qu'on avait d'eux pour demander une augmentation de salaire, que pour l'obtenir ils se sont attroupés et sont convenus entr'eux de refuser le travail, qu'il n'est d'usage de leur payer que 6 ou 8 sols par corde de bois et qu'ils en ont exigé jusqu'à 10 ou 12.

(...) Que la condition que tiennent ces ouvriers mérite d'être réprimée, qu'il est intéressant de les ramener à l'ordre, de leur infliger la peine qu'ils ont encourue en s'attroupant (...), qu'il leur soit enjoint de continuer aux prix ordinaires, sauf à eux à faire des représentations convenables pour y avoir tel égard que de raison, le tout à peine d'être punis sur le champ, poursuivis comme perturbateurs du repos public, même de punition corporelle [21].

**Querelles de femmes**

*Il existe une violence féminine, la plupart du temps passée sous silence. Elle naît rarement de conflits personnels, mais presque toujours de querelles d'intérêt. A la halle ou sur le marché Maubert, revendeuses et étaleuses se disputent place et clients. La concurrence est acharnée et personne n'est prêt à céder le pas. Les coups échangés sont aussi durs que ceux que se portent les hommes.*

21 juin 1775. Après-midi, est comparue Elizabeth Turtin, femme de Charles Pelvé, marchand de vin, demeurant chez sa mère, loueuse de carosses place St Sulpice, a rendu plainte contre ladite Chapin loueuse, que depuis longtemps et sans aucun motif la dite Chapin les insulte journellement elle et sa mère, aujourd'hui elle est venue un balai à la main, et l'a traité de foutue gueuse, putain, l'accusant de lui avoir volé 6 livres et lui a porté plusieurs soufflets et sur le corps plusieurs coups de balai, puis a jeté du crotin de cheval sur son visage *(Y 9830)*.

17 août 1775. Xavier Billod compagnon menuisier dit qu'il y a une heure sa femme a été attaquée sous la porte cochère par la femme Mage qui lui a jetée une assiette de faïence qu'elle avait à la main, et avec les morceaux lui a assené des coups au visage,

elle est blessée au point d'être au lit et qu'elle est bien mal *(Y 9833).*

*L'ordre social est-il si peu menacé quand les femmes se disputent, que la garde une fois appelée rebrousse chemin sans intervenir? Leur violence est-elle si peu crédible même lorsqu'elle provoque blessures ou évanouissements?*

Lundi 24 avril 1780. 10 heures du soir. Elizabeth Léonard, 37 ans, épouse de Thomas de Targny, employé dans les régies du Roy, demeurant rue St Julien le Pauvre, dépose qu'étant à souper, son mari étant au lit pour raison de maladie, elle a entendu crier et s'est mise à la fenêtre, elle a entendu qu'on disait : il faut l'emmener au Châtelet, mais ayant dit à la garde que c'était une dispute de femmes, la garde s'est en allée.

Salomon Feburier, 21 ans, compagnon orfèvre, demeurant rue St Julien le Pauvre, dépose qu'il a entendu une dispute dans la rue et a vu la femme Daguiolle aubergiste foncer dans l'allée contre la dame Bruniau, est descendu pour contenir la dispute, est sorti en entendant dire que la garde était à la porte de l'allée, que la garde étant là, il a entendu qu'on lui rapportait que ce n'était qu'une dispute de femmes, au moyen de quoi la garde n'est pas entrée *(Y 9889).*

7 juillet 1785. Comparution de Catherine Brebar, femme de P. Picard, compagnon plombier de 36 ans, native de Chantilly, demeurante avec son mari rue de la Tixanderie. A dit qu'étant chez un épicier avec la femme Guillaumot, et ayant jetté une bouteille d'huile que tenait la dite femme, elle a regardé la répondante avec un air insultant en disant : voyez cette Madame l'embarras, qu'enfin agacée, la dite femme lui a porté un coup et qu'elle lui a répondu par un coup sur l'œil; a dit que son mari l'a empêché

de porter plainte disant que c'était une querelle de femmes *(Y 9950).*

*La garde trouve inutile de se déplacer. Le mari trouve inutile de faire toute une histoire pour une dispute de femmes sans conséquences. Pourtant leur présence dans toutes les émeutes de subsistances, leur violence prête à surgir quand le pain devient cher, dénient cette image. Aux émeutes pour le grain de 1775, les femmes ont les premières pillé les boulangeries, n'appelant qu'ensuite les hommes à la rescousse. C'est le cas dans bien d'autres émeutes moins connues du XVIII*e *siècle. Elles risquent leur vie ou leur liberté pour sauver celle des leurs, portées par une colère et par une vindicte dont la mémoire, ensuite, n'a pas voulu s'encombrer.*

**La violence des hommes**

*La femme est aussi objet de violences : la litanie des épouses maltraitées, des servantes séduites puis abandonnées, des agressions et des viols le prouve aisément. La fréquence de ces violences, le lieu où elles sont commises, les raisons pour lesquelles elles surviennent, désignent les espaces masculin et féminin, et rendent compte du partage des rôles sexuels dans la rue.*

*Les conflits dans le couple, dès qu'ils atteignent une certaine violence, font partie de la vie collective. Tout est public et les voisins peuvent, s'ils le désirent, intervenir. C'est le revers d'une impossible vie privée : la densité obligée des rapports sociaux permet une certaine régulation des conflits. Les voisins portent secours, s'attroupent ou appellent la garde : il est bien rare qu'ils restent indifférents.*

22 décembre 1769. 8 heures du soir, Françoise Elizabeth Le Bœuf, femme d'Antoine Aumet écaillère, demeurante marché St Martin, plaignante contre Aumet son mari, au sujet de ce que depuis qu'elle est mariée avec lui n'a cessé de la maltraiter, et notamment aujourd'hui il y a une heure comme elle était couchée son mari est venu, l'a obligée de se lever, qu'il l'a tant maltraitée qu'elle s'est trouvée contrainte de se retirer chez une voisine, a beaucoup crié ce qui a amassé beaucoup de monde *(Y 13700).*

17 août 1763. 8 heures du matin, Marie Magnier, femme de Claude Gabry, demeurante rue Phelipeaux, se plaint contre son mari qui la maltraite journellement, la renvoie et lui a jeté ses hardes, les voisins sont témoins des mauvaises manières qu'il a contre elle. Elle demande que son mari la laisse partir pour son pays où elle trouvera une condition, et il y a 4 jours qu'elle couche chez son hôtesse où elle s'est réfugiée pour éviter les violences de son mari *(Y 13700).*

*L'intervention des voisins témoigne la plupart du temps d'une réelle indignation : la femme battue suscite toujours de l'émotion; il n'est pas naturel que cela se passe ainsi et certaines plaintes devant le commissaire sont d'abord déposées par le voisin avant même que la victime n'ose venir.*

17 août 1763. 11 heures 1/2 du matin, Sébastien Regard, bouchonnier, et Marguerite Barthélémy sa femme, demeurants rue au Maire, se plaignent contre Jean Claude Breton compagnon serrurier demeurant même maison. Ce particulier est très violent, insulte et maltraite non seulement sa femme qu'il a voulu jeter par la fenêtre, alors qu'elle relève de couche, et est à la merci des voisins; et que tous les voisins peuvent témoigner *(Y 13700).*

*La femme maltraitée n'a pas l'habitude de se plaindre dès les premiers coups reçus : elle attend en général d'être à la limite de ses possibilités physiques. Quand elle porte plainte elle s'en excuse presque. Elle n'aime guère mettre en cause la réputation de son mari, qui en une certaine mesure représente pour elle un capital d'honnêteté.*

3 février 1765. 11 heures du soir, est comparue Marie Adrienne Pochet, femme de Claude Hugueau, demeurant place du marché neuf, laquelle nous a rendu plainte contre son mari, disant qu'il y a quatre ans qu'elle a eu le malheur de l'épouser et qu'elle a essuyé depuis deux ans les plus grandes insultes et les coups les plus violents, qu'il a frappé la plaignante qui pour ne point faire de tort à la réputation de son mari, a gardé en elle-même tous ses chagrins *(Y 9707)*.

*Les commissaires reçoivent sans malveillance les plaintes des femmes maltraitées; leurs interrogatoires menés avec soin ne marquent ni mépris, ni ironie, ni lassitude. Les coups entre mari et femme ou concubin et concubine relèvent d'une violence qu'ils condamnent : ils sont immédiatement pris en compte et poursuivis. Si les faits ne sont pas trop graves, le commissaire fait assigner le mari, l'admoneste gravement. Nombre de plaintes d'épouses font mention d'admonestations antérieures; c'est qu'elles sont en fait totalement inefficaces à l'encontre des maris violents.*

25 juin 1770, le sergent de garde s'est transporté rue de la Bûcherie à la réquisition de plusieurs particuliers et en a arrêté un que l'on dit maltraiter sa femme avec excès.

Bonne Muzerelle, blanchisseuse, femme de Laurent Lenfumé, compagnon doreur, demeurante rue de la Bûcherie, continue sa plainte de juillet 1767 contre son mari et dit que si les représentations faites lors de sa plainte ont calmé les fureurs de Lenfumé et l'ont engagée à rester avec lui dans l'espérance d'un changement, ce calme n'a duré que peu de temps, et il n'a pas été longtemps à exercer son inconduite contre elle et ses enfants *(Y 9770)*.

Le 4 mars 1770, le sergent de garde s'est transporté jusqu'à l'entrée de la montagne Sainte Geneviève, où il a trouvé un particulier qu'il a arrêté à la clameur publique, et à la réquisition de sa femme, qui lui a parue fort maltraitée. Marie Alexandrine Lafague, femme de Claude Bisson, compagnon vitrier, elle blanchisseuse, demeurant rue Traversine, en réitérant la plainte qu'elle nous a rendue le 12 novembre dernier contre son mari, nous a dit que depuis le dit jour le dit Bisson n'a cessé de la maltraiter, et déclare que dans le cas où il nous plairait relaxer le dit Besson il y aurait danger pour sa vie *(Y 9767)*.

*Devant de tels faits et après interrogatoire le mari est envoyé en prison; à partir de quoi l'instruction est continuée avec information, confrontation et nouvel interrogatoire. Quand son mari est emprisonné, la femme revient assez souvent devant le commissaire pour se désister de sa plainte et demander sa libération. La dépendance économique de la mère de famille est telle, que même défendue par la justice, il lui est impossible de profiter réellement de cette protection. Sa situation est sans issue. Et cela pour longtemps : le XIX^e^ siècle lui enlèvera le peu de considération que la police du XVIII^e^ avait pour elle, en y ajoutant le mépris et l'ironie. Les femmes seront des victimes sans droit d'un ordre matrimonial axé sur l'autorité masculine.*

*Le rôle nourricier de la femme vis-à-vis des siens — y compris de son mari quand il dissipe son propre argent — revient sans cesse au cours des interrogatoires, donnant à la famille populaire un visage assez précis. Il y aurait d'un côté la mère et les enfants, groupe stable reposant sur la responsabilité de la femme, et de l'autre le père dont l'apport est indispensable pour l'équilibre de tous. Si cet apport devient irrégulier ou manque momentanément, les conséquences sont graves : la mère, pour éviter d'abandonner ses enfants, doit chercher appui auprès de sa famille — père ou frère le plus souvent —, ou tente de gagner de quoi vivre par d'autres moyens, y compris la prostitution saisonnière. Cette répartition des rôles sexuels dans la famille explique en partie que, même battue, la femme cherche à maintenir autant que possible son ménage. A ce jeu des rapports économiques entre les époux, s'ajoute une composante essentielle : la femme revendique clairement la libre disposition du gain de son travail. Elle ne supporte pas de voir son propre salaire gaspillé ou convoité par son mari. C'est le seul avoir dont elle est réellement sûre.*

Bonne Muzerelle blanchisseuse, dépose que non content de dépenser en débauche l'argent qu'il peut gagner, il l'oblige encore de lui en donner de celui qu'elle peut gagner et va même chez les personnes qu'elle blanchit leur demander de l'argent qu'il dépense de même *(Y 9770).*

1er février 1771, est comparue Catherine Vincent, femme de Nicolas Rachot tailleur, et logeur en chambres garnies, demeurant rue des Anglais paroisse St-Séverin, laquelle réitère ses plaintes, et nous dit que son mari vit depuis longtemps en mauvais commerce avec des femmes de débauche, qu'il est dans l'ivresse et l'a frappée avec des haches et des couperets en disant qu'il voulait la tuer elle et sa fille, qu'elle travaille depuis le matin jusqu'au soir sans qu'il la laisse jouir du fruit de son travail, qu'elle demande qu'il soit mis en prison *(Y 9777).*

*Catherine Vincent, trois jours après, se désiste de sa plainte et demande la libération de son mari. Il lui faut survivre.*

*Plus rares sont les disputes qui naissent en raison d'une mauvaise conduite de la femme. La mère ne dispose pas de la même liberté que son époux. Bien que les conjoints aient tous deux une vie de travail, la répartition des rôles entrave davantage les activités féminines que les activités masculines. Ce qui confirme la division du groupe familial en deux parties inégales : la maternité, ses tâches et ses responsabilités d'une part, l'autorité masculine de l'autre.*

**Le viol**

*Le viol ne transparaît qu'à peine dans l'ensemble des plaintes portées par les femmes. Pourtant le nombre des jeunes filles séduites puis abandonnées, des domestiques agressées et des femmes attaquées dans la rue prouve suffisamment l'existence d'une violence sexuelle. Le viol ne peut en être exclu. S'il n'apparaît pas, c'est sans doute parce que les femmes ont peu de recours contre lui, soit qu'elles n'osent porter plainte de peur d'être déshonorées, soit qu'elles aient la conviction de ne point être écoutées si elles ne peuvent témoigner par ailleurs de blessures ou d'un état de grossesse qui leur soit préjudiciable. Il est des cas où le silence des textes devient aveu : l'absence du viol finit par le rendre étrangement présent.*

*Les femmes se déplacent de jour comme de nuit, sont présentes au cabaret, dans les guinguettes, les foires ou les halles. Leur activité, leur mobilité les exposent à l'agression, d'autant que l'on s'éloigne davantage du centre de Paris, apparemment plus sûr. Les justifications des agresseurs sont répétitives. Les documents laissent pourtant apparaître un certain nombre de constantes. Refuser les avances masculines expose souvent la femme à des risques graves, surtout si elle a donné l'impression d'accepter au départ une certaine complicité.*

6 h du matin, le sergent de poste à St-Jacques conduit Françoise Ravazin sans place ni profession, demeurante vis à vis l'hôpital St-Gervais, ne sait le nom de la rue, se plaint de ce qu'hier l'après-diner, Jérôme Guimant, faiseur de bas, demeurant rue St Martin à la Croix de Fer, qu'elle ne connaît point, l'a même ramenée à la Courtille où il l'a fait goûter, et le soir a voulu coucher avec elle, malgré elle, pourquoi elle a été se plaindre et ce matin l'ayant rencontrée il l'a voulue reconduire chez elle et sur son refus lui a donné un coup de poing pourquoi l'a fait arrêter. Relaxés *(Y 15497).*

Lundi 26 novembre 1770. 6 heures du soir. Le sergent de la garde de poste à l'abbaye requis de se transporter rue Mazarine, au sujet de plusieurs particuliers chaudronniers qui maltraitaient une particulière. La particulière a dit se nommer Claudine Brouet femme d'Antoine Sougeon gagne-deniers, demeurant rue des Cordeliers chez une marchande de tabac, elle a reçu un coup de poing au dessus de l'œil gauche et coup de pied aux jambes, alors qu'elle est enceinte de 5 mois *(Y 12705).*

29 septembre 1766. Le sergent de poste a arrêté à la Sablonnière au bord de l'avenue, un particulier qui frappait à coups de canne une femme sous le prétexte qu'elle ne voulait point aller avec lui, la particulière a dit se nommer Etiennette Vilmont, blanchisseuse, demeurante rue de Sèvres et le particulier Germain Prussol, 48 ans, invalide demeurant à l'hôtel. Envoyé de discipline militaire au For l'Evêque *(Y 13627).*

*La violence de l'homme va parfois au-delà du simple désir. L'agressivité se traduit vite en brutalité : des mots et des coups qui veulent blesser dans la femme son sexe et contraindre toute velléité d'affirmation ou d'indépendance.*

Est venue Françoise Chandelier, fille majeure, revenderesse à la toilette, demeurante à Paris rue Jean Beau Sire, a rendu plainte contre Martin et sa femme, hier au soir sur les dix heures, elle a rencontré Martin qui lui a dit tu fais bien de rentrer sacrée garce, sacrée putain, car j'allais fermer la porte à clef, ajoutant à cela qu'elle était toujours fourée avec des soldats aux gardes, puis se jeta sur elle et la maltraita avec toute la violence possible en lui bouchant la bouche pour que les voisins n'entendent pas les cris qu'elle faisait, que cette scène sanglante aurait duré longtemps s'il n'était point venu à son secours deux femmes qui eurent beaucoup de peine à la faire lâcher *(Y 9831)*.

*Brutaux et symboliques, les gestes de la violence font apparaître tout ensemble la fragilité du corps féminin, et ce qui, en lui, inquiète et affole l'homme. Au niveau le plus quotidien, d'abord. Décoiffer une femme, lui arracher son bonnet ou sa coiffe, rendre visible une chevelure que la pudeur contraint de cacher, c'est la dénuder :*

31 mars 1775. 11 heures du matin, Marie Louise Dunot marchande de poisson, demeurant rue des vieilles Thuileries, se plaint contre le nommé Jean Poulet, charetier rue St Placide, qui le jour d'hier à 7 heures du soir est passé au marché de l'abbaye où il l'a traitée de garce, qui avait eu affaire à son neveu et au charbonnier, qu'elle n'avait pas assez d'un maquereau et qu'il lui en fallait deux, ce qu'il a dit en son absence et que si elle y était il lui arracheroit son bonnet *(Y 13819)*.

16 novembre 1775. Minuit. Gabrielle Pacquin, marchande de bierre sur le port au bled, demeurante rue de la mortellerie, étant couchée dans sa chambre avec sa sœur et ses enfants en attendant le retour de son mari qui est allé souper en ville, elle a entendu frapper à sa porte, a ouvert, un particulier la traita

de garce et s'est jeté sur elle pour déchirer son bonnet *(Y 9837).*

*Mais les gestes sont parfois plus explicites encore :*

10 juin 1785. Midi. Marie Jeanne Quelin, 54 ans, femme de P. Grignon, cordonnier, dépose qu'elle a été attaquée dans la rue, qu'ils levèrent ses jupes et lui firent des attouchements malhonnêtes en lui portant les mains sur le ventre, les cuisses, et autres parties de son corps *(Y 9951).*

16 janvier 1785. 10 heures et demie du soir, est comparu Pierre Aubry, tailleur rue des Boucheries, a dit que cette nuit la jeune femme Elizabeth Grignon lui a demandé si le garçon avec qui elle vit était rentré, et le tailleur lui a dit de ne pas s'exposer davantage à de mauvais traitements comme la semaine dernière où ce garçon l'avait mise nue dans la cour et l'avait frappée *(Y 9947).*

*Le corps féminin avec ses rythmes, ses privilèges, ses fonctionnements propres est désiré, méprisé, incompris et menaçant. D'où parfois l'extraordinaire acharnement de l'homme qui frappe en la femme sa différence : sa fécondité, sa sexualité, son rôle maternel ou nourricier. La topographie de la violence rend lisible cette inquiétude : l'homme, spontanément, atteint la femme là où elle lui renvoie dans son corps les images puissantes de la naissance et de la vie.*

Son mari lui a cherché querelle à propos de rien, l'a frappée à coups de poing sur la tête et sur le corps, a donné aussi des coups de pied aux jambes de la plaignante qui est enceinte de plus de huit mois et en s'en allant a pris une chaise, l'a jeté sur elle en lui disant qu'il voulait la tuer, que quand il rentrerait il exécuterait ses menaces et voulait la faire accoucher de force, qu'elle ne sent plus remuer son enfant par les coups qu'elle a reçus *(Y 9707. 3 février 1765).*

19 septembre 1775. Midi, François Campagnat, 40 ans, marchand boursier, dépose qu'étant chez la femme Billiewaz en l'absence de son mari, deux hommes sont entrés et se sont répandus en injure, que le mari est un coquin, qu'elle est une putain, qu'ils vivaient ensemble sans être mariés, se sont portés sur elle et elle s'est écriée : comment malheureux, vous me frappez, je suis enceinte, le perruquier a répondu : je m'en fous *(Y 9832).*

9 mars 1780. Pierre Hallé compagnon menuisier, hier 10 heures du soir, ayant entendu beaucoup de bruit chez leur voisin, il les pria de ne point faire tant de tapage, car ils incommodaient sa femme juste accouchée de 7 à 8 jours, qu'ils se sont jetés sur lui, sa femme venue le secourir a aussi été maltraitée et frappée, de saisissement ses règles ont été supprimées sur le champ et elle est en grand danger *(Y 9887).*

23 juin 1775. 11 heures du matin, Catherine Darcour dépose que Louis Paisan garçon jardinier, demeurant chez sa mère, s'est approché d'elle comme un furieux et lui a donné un soufflet à poing fermé et un coup de poing sur la tempe gauche dont elle s'est évanouie, le même jour est monté chez la veuve Delpeux, que la porte en était ouverte et la veuve allaitait une fille dont elle est accouchée le 16 du mois, qu'il s'est jeté sur elle avec violence et coups de poing *(Y 9830).*

### L'attroupement

*Une tension quotidienne existe entre gens de la rue et représentants de l'ordre, soldats du guet, commis-*

*saires, archers de l'hôpital ou même huissiers. Prête à s'exaspérer à tout moment, elle est l'expression collective d'une population qui sait que son sort est dicté par « ceux d'en haut », que l'on ne connaît qu'à travers leurs représentants. La police le sait bien : elle redoute d'abord de voir les attroupements dont les conséquences pourraient être graves. La foule est toujours considérée comme dangereuse et tout rassemblement, même ébauché, est une menace potentielle.*

5 mai 1770, 4 heures de l'après-midi, l'inspecteur de police a amené deux particuliers, Alexis Gatine, 28 ans, natif de Paris, maréchal de logis dans le régiment du Bourbonnais, Jean Poncet recruteur au régiment des gardes, les deux particuliers avaient de l'humeur ensemble et étaient suivis du peuple. Gatine a été conduit à la prison du For l'Evêque et Poncet à la prison de l'Abbaye *(Y 12705).*

Vendredi 16 juin 1775. 9 heures du soir, avons fait le rapport qu'il y a une demi-heure au poste du Pont-Neuf, deux particuliers avaient amassé beaucoup de monde et la populace criait derrière *(Y 9829).*

Mardi 28 janvier 1749. 8 heures du matin. G. Delacroix brigadier des archers de l'hôpital, ce matin passant rue Dauphine avec sa brigade, a arrêté un mendiant qui par ses cris et sa résistance a ameuté la populace au point que pour sa sécurité et éviter le mauvais parti qu'on était prêt de leur faire, ils ont été obligés de laisser aller le mendiant, et que lui et sa brigade passant devant la boutique d'Auger chapelier, on lui a jeté des fenêtres des deuxième et troisième étage plusieurs potées d'eau et d'urine, ce qui a excité la populace à recommencer de nouveau à s'attrouper et à jeter des pierres *(Y 9515).*

*Certains mécontentements vont vite à se propager sans qu'il soit possible d'en repérer l'origine. C'est de bouche à oreille que se donnent les consignes ou que volent les revendications, utilisant les formes habituelles de sociabilité de la rue. Il n'est pas besoin de se connaître pour s'écouter et répandre dans Paris nouvelles clandestines ou revendications.*

Information, le 10 janvier 1786, à la requête de Monsieur le Procureur du Roi contre Jean Montel, commissionnaire, prévenu d'être l'auteur d'un attroupement.

Le sergent a été requis d'arrêter un particulier soupçonné d'avoir commandé à plusieurs commissionnaires de s'attrouper aujourd'hui entre 7 et 8 heures à la place de Louis XV et à celle des Victoires.

Est aussi comparu Etienne Tournay, compagnon maçon, demeurant à Paris rue du Figuier, passant aujourd'hui vers 4 heures du soir place Saint-Michel, et étant au coin celle de Vaugirard, il a rencontré un particulier lequel disait à tous les commissionnaires qu'il rencontrait de se trouver ce jourd'hui entre 7 heures et 8 heures du soir à la place Louis XV pour s'y attrouper, qu'il a encore dit aux commissionnaires que tous ceux du faubourg Saint Antoine s'y trouveraient, que le dit particulier passant sur le Pontneuf il l'a fait arrêter par la garde.

Jean Montel, 40 ans, natif de Signac, diocèse de Clermont, commissionnaire, demeurant rue Jean Fleury chez un fruitier

— depuis quand est à Paris, a dit qu'il y a environ 20 ans.

— interrogé depuis quel temps il est commissionnaire, a dit qu'il y a environ deux mois qu'il était ci-devant domestique rue de Grenelle au service de la dame Angradir chez laquelle il est resté 13 ans; a dit qu'il est vrai qu'il a prévenu les commissionnaires d'aller à Versailles pour y présenter un placet au roi.

— interpellé de dire quel est celui qui lui a donné l'avis de faire attroupement, a dit que c'est Laurier gagne-deniers, dont il ne sait la demeure et qui se tient ordinairement au coin de la rue du Rempart près le passage du Palais Royal.

Ecroué à la prison du Grand Châtelet *(Y 8957).*

**Défier l'ordre**

*Il y a mille façons de défier l'ordre : cela va du quolibet à la farce sournoise, des jets d'excréments à l'insulte et aux coups. Les incidents sont très fréquents même si, une fois encore, la mémoire collective semble avoir peu retenu cette effervescence populaire. Les rébellions à la garde, les défis à l'ordre sont pourtant des gestes significatifs d'insoumission; des mécanismes de défense impulsifs face à un ordre mal toléré. Viser l'huissier ou le sergent, le propriétaire, ou même tout simplement les gens de bien, c'est s'en prendre à ceux par qui circulent l'ordre, la domination et la répression. Au-delà, tout geste de révolte s'avère impossible : la cible réelle est encore intouchable.*

9 avril 1783. 11 heures du soir, Bailley huissier audiencier en la chambre des comptes du Roy, demeurant à Paris rue St Antoine face la vieille rue du Temple, se plaint de ce que passant ce jour d'hui rue de Gèvres en face la rue St Jérôme, à l'heure ci-dessus indiquée, on lui a jeté d'une fenêtre à grand carreau du 2$^{e}$ sur le devant, des immondices dont le sieur Bailley s'est immédiatement beaucoup récrié, desquels immondices il nous est apparu, tant sur son habit que sur son chapeau qui en étaient tout imbibés *(Y 15117).*

9 septembre 1770. 2 heures de relevée. Plainte pour sieur Granger, maître de rhétorique au collège du Cardinal Lemoine, contre le 3$^{e}$ étage de la maison neuve St Germain, pour matières fécales jetées tant sur lui que sur plusieurs écoliers étant avec lui.

8 août 1770. Plainte par Prot, libraire quai des Augustins, contre la domestique de la veuve Lizon pour urine et matière fécale jetée sur la robe de chambre de Prot il y a 1/4 d'heure.

25 avril 1770. Plainte pour les demoiselles Deframery, propriétaires d'une maison rue du Harlay au coin du quai de l'Horloge où elles sont demeurantes, contre Thiery Gainier demeurant même maison, les a traitées de putain et qu'il ferait dans sa chemise et leur en couvrirait le visage *(Y 12705).*

*De la justice aussi, le petit peuple sait se moquer. Il raille, insulte, se défend comme il peut; dans ce tohu-bohu d'insultes, la personne royale n'est jamais mise en cause : il s'agit toujours de la police ou de la justice, termes généraux sur lesquels se concentre la plus grande partie de l'agressivité populaire. Une exception toutefois : en 1785, Barbe Schmitt, femme de Constant, ébéniste, est arrêtée en pleine rue pour avoir conspué le Roi en termes indignes :* elle traitait Sa Majesté de Jean Foutre, qu'il n'était pas populaire, indigne de porter la couronne, polisson et morveux *(Y 9830). Elle sera conduite à la prison du Grand Châtelet.*

*Mais la violence prend le pas sur les insultes, obligeant la garde ou le guet à se défendre contre l'animosité brutale de ceux auxquels ils ont affaire. Batailles de rue qui entraînent facilement passants et badauds, favorisant parfois de petites émotions populaires.*

Dimanche 22 janvier 1775. 11 heures du matin, plusieurs habitants de la rue Montorgueil se sont plaints qu'un particulier Antoine Palis, 47 ans, natif de la Beauce, et gagne-deniers, ne cessait de venir dans leur boutique les insulter, et maltraiter, se sont plaints de cet homme violent et emporté, s'enivrant journellement, invectivant comme un furieux, ajoutant qu'il se moque de la justice et que pour ce fut déjà conduit deux fois en prison *(Y 9825)*.

27 juin 1775. 10 heures 1/2 du matin, à la réquisition de Bugeret marchand de vin à la Grande Pinte de Bercy, me suis transporté rue St Lazare aux Porcherons, au domicile de Possot, 29 ans, marchand cabaretier, où je l'ai arrêté et lui ai demandé le paiement de 346 livres 12 sols pour quoi il a été condamné par les juges consuls de Paris le 12 octobre dernier, il m'a répondu qu'il se foutait de l'arrêt du Parlement et a appelé pour qu'on me maltraite *(Y 9831)*.

3 juin 1775. 8 heures du soir, le caporal vient d'arrêter rue Neuve St Martin, à la réquisition d'un officier de robe courte, un particulier prévenu de l'avoir insulté dans ses fonctions et a voulu exciter une émotion populaire *(Y 9829)*.

*La rébellion ouverte n'est pas rare : on attaque les soldats par-derrière, à l'improviste, ou bien on les combat de face dès qu'ils interviennent. La rue se divise : les bourgeois aident les soldats tandis que les humbles en profitent pour attaquer les représentants de l'ordre. Les alliances sont parlantes :*

23 mai 1775. 10 heures du soir, est comparu le caporal de la garde de poste à la halle, lequel nous a dit qu'il y a environ une demi-heure, étant à côté de la sentinelle, un particulier à lui inconnu serait venu derrière lui et lui aurait porté un coup de canne sur la tête dont il ressent une vive douleur, qu'aussitôt le dit particulier s'est sauvé, qu'un instant après en faisant ronde avec sa section, est passé devant lui le dit particulier en tenant une femme par le bras et en gesticulant avec une canne, a dit se nommer Jean-Pierre Desvauchat apprenti coiffeur de femme, a été envoyé à la prison du Grand Châtelet *(Y 9829)*.

Dimanche 21 mai 1775. 9 heures 1/2 du soir, faisant ronde sur le chemin du petit Gentilly, il a entendu du bruit sur le chemin près le champ de l'alouette, et a trouvé plusieurs particuliers qui se battaient, ayant voulu les séparer et connaître leur différend, les trois particuliers se sont jetés avec fureur sur lui et les soldats de la section et les ont terrassés et frappés et à coups de poing, et sans le secours de divers bourgeois qui se sont trouvés là et le caporal du régiment des gardes françaises qui passait, ils auraient eu beaucoup de peine à se tirer de leurs mains, qu'à l'aide de ces secours, il a arrêté les trois particuliers qu'il a conduits par devers nous, tous trois compagnons maçons *(Y 9828)*.

*La rue est solidaire de tels événements, elle fait bloc contre l'autorité. On ne dénonce pas les coupables. Il est vrai que les soldats ont mauvaise réputation : si leur fonction est mal aimée, leurs attitudes personnelles sont aussi souvent réprouvées.*

21 février 1775, est comparu le sergent de garde de Paris, lequel nous a dit que depuis 18 mois, la garde est insultée journellement dans la rue par des voix venant des boutiques, que ce jour d'hui faisant ronde rue de Charonne vis à vis la rue de Lappe, il a entendu plusieurs voix venant de la boutique d'un menuisier qui criaient sur la garde : triste à patte, peinteur, savetier et autres propos de cette nature, pourquoy il est retourné devant la boutique et a demandé qui était le maître de la boutique, que le maître s'est présenté, auquel il a demandé pourquoi il souffrait que ses garçons insultassent la garde, que le dit menuisier lui a dit en ricanant : faites votre métier, que le sergent lui a dit qu'il le faisait, mais qu'il était désagréable d'être insulté, de sorte que le dit particulier répondant, il a lieu de croire qu'il autorise son compagnon, pourquoi luy sergent l'a invité à venir chez Mr Crespy où il allait faire son rapport,

que le dit particulier dit au comparant de s'en aller devant, qu'il allait les suivre, voyant qu'il ne venait pas il l'a arrêté et amené à un hôtel.

22 février. Interrogatoire de P. Dupin, maître menuisier, 23 ans.

— interrogé si hier ses compagnons n'ont point insulté la garde? a dit non et qu'il est vrai que le monde de la rue a crié après le guet qui jouait avec une fille du monde et pour ce que le sergent était ivre.

— si lui n'a pas autorisé ses ouvriers à insulter le guet? non, il a seulement dit au sergent qu'il devait s'en prendre à ceux qui l'avaient insulté et non aux ouvriers de lui, qui lui ont fait observer qu'il ne devait pas être avec une femme du monde, ni jouer publiquement avec elle *(Y 9826).*

*C'est sans doute au moment des arrestations que l'affrontement est le plus brutal. Alors la rue se mobilise, d'autant plus promptement qu'elle vit dehors, au rythme de ce qui se passe. La répression est dure mais elle ne saurait éteindre le feu.*

Rébellion à la garde de Paris. Rapport du 2 mai 1785 à 6 heures du soir de la garde de Paris en poste à Vaugirard.

Florentin, sergent de garde à Vaugirard, ayant été requis par le sieur Dupont, marchand de vin, au sujet de plusieurs particuliers qui, étant à boire chez lui, avaient fait tapage, cassé des pots de verre et ne voulaient pas les payer ni même le vin qu'ils avaient bu, nous y avons été, et la plus grande partie s'était évadée à l'exception de Durant, tailleur de pierres, qui était arrêté ainsi que Hurlot aussi tailleur; lorsque nous avons été en chemin, ils ont accouru derrière nous une soixantaine d'autres tailleurs de pierre qui ont sauté pour nous ravir les deux arrêtés, j'ay fait mettre la baïonnette et eux voyant qu'ils ne pouvaient plus approcher ont pris pierres et pavés et nous les ont jeté dont le nommé Gateblie, appointé de mon escouade, a été frappé aux jambes, aux reins et au visage et dont il est dangereusement blessé. La garde à Vaugirard est venue nous prêter main-forte, avons pu arrêter les deux prévenus et un autre, mais averti qu'il y avait encore une embuscade j'ai envoyé chercher 2 sections d'infanterie et la brigade de cavalerie du poste de la Contrescarpe pour nous prêter main forte et les conduire en prison, et ensuite avons fait fermer les cabarets.

*19 mai 1785. Le Procureur du Roi au lieutenant criminel.*

... il résulte des faits ci-dessus, Monsieur, une rébellion des plus caractérisées envers la garde de Paris, laquelle paraît avoir été faite avec attroupement d'un grand nombre de personnes, émotion populaire et violences considérables. Or comme il est très important pour la sûreté publique, le maintien du bon ordre et de la police que la garde de Paris soit respectée et n'éprouve aucun trouble dans ses fonctions et dans son service, on ne saurait réprimer avec trop de sévérité les entreprises de la nature de celles dont il s'agit; mais pour y parvenir et pour faire infliger aux coupables les peines qu'ils ont encourues aux termes et suivant la rigueur des ordonnances, il est nécessaire de procéder d'une manière régulière et juridique. C'est ce qui détermine le Procureur du Roi à se pourvoir et à être informé, et aussi ordonné que les nommés Hurlot et Adenot seront transportés sous bonne garde des prisons de Vanves à celles du Grand Châtelet *(Y 9949).*

*Les faits laissent presque rêveurs : il aura fallu deux sections d'infanterie et une brigade de cavalerie pour arrêter deux tailleurs de pierre dans un cabaret : on voit ici la force de la rue et des solidarités qui l'organisent. D'où la hantise des gardiens d'un ordre qu'il faut toujours gagner dans un espace urbain approprié par les plus pauvres.*

**L'émeute**

*Les chroniqueurs ont autant peur de l'émeute que la police. L.S. Mercier, aussi indigné par la misère qu'affolé par le désordre, est certainement trop optimiste lorsqu'il raconte comment les escouades du guet dissipent les attroupements. La réalité quotidienne est différente, et Mercier exorcise vraisemblablement sa propre peur en s'appuyant sur quelques exploits policiers.*

Une escouade du guet dissipe souvent sans peine des pelotons de 5 à 600 hommes qui paraissent d'abord fort échauffés, mais qui se fondent en un clin d'œil, quand les soldats ont distribué quelques bourrades ou gantelé 2 ou 3 mutins.

(...) Mais si l'on abandonnait le peuple de Paris à son premier transport, s'il ne sentait plus derrière lui le guet à pied à cheval, le commissaire et l'exempt, il ne mettrait aucune mesure dans son désordre; la populace délivrée du frein auquel elle est accoutumée, s'abandonnerait à des violences d'autant plus cruelles qu'elle ne saurait elle-même où s'arrêter [22].

*Si l'émeute grossit, le dispositif mis en place devient impressionnant. Il faut châtier exemplairement. La police arrête qui elle trouve, qui ne sont pas toujours les vrais agitateurs prompts à disparaître dans la foule ou dans les innombrables cachettes que propose la rue* [23]*. Le dossier des arrestations de 1775, au moment de la grave émeute pour le pain, le montre à l'évidence. Cent trente interrogatoires prouvent, s'il est besoin, que ceux qui seront emprisonnés et châtiés sont tout simplement ceux qui ont profité des pillages de boulangerie pour aller chercher du pain, sans avoir* *conscience de participer à un mouvement de révolte concerté : la faim leur a, le plus souvent, suffi. Les meneurs, eux, sont loin.*

L'an 1775. Lundi 8 mai 1775. 11 heures du matin (...), est comparu P. Joseph Castel officier du guet, a conduit en notre hôtel, deux particuliers que Lasserre sergent de la garde de Paris lui a remis comme les tenant d'un officier de police qui les avait retiré du dépôt des gardes françaises, où ils ont été conduits la nuit dernière pour être par nous dressé procès-verbal de la dite capture.

Avons fait comparaître les dits deux particuliers arrêtés, lesquels nous ont dit se nommer savoir le premier Jean Martin, 18 ans, natif de Paris, demeurant rue Traverse faubourg St Germain, manœuvre servant les maçons, a déclaré qu'étant aux carrières de Montmartre près d'un four à plâtre où il était allé pour se réchauffer en attendant qu'il put aller à l'abbaye montmartre manger la soupe qu'on y donne, il a été arrêté mais n'est point coupable, et l'autre Martin Vincent, 18 ans, natif de Courcelles en Bugey, manouvrier sans ouvrage et sans asile, qu'étant allé aux carrières de montmartre dans un four à plâtre pour se chauffer, il a été arrêté par une patrouille des gardes françaises sans savoir le motif.

Ce fait avons remis au dit Castel les dits particuliers et s'est chargé pour les conduire en prisons du Grand Châtelet et y rester jusqu'à ce qu'il en ait été autrement ordonné *(Y 10558).*

3 mai 1775. Commissaire Le Gretz, Lapierre adjudant de la garde de Paris, qui faisait l'avant garde de M. Le Laboureur chevalier du guet, qui faisait patrouille à l'occasion de l'émeute populaire au sujet du pain, il a vu en entrant dans la rue St Martin, dans la rue Aubry le Boucher, un particulier sans habit ni veste, qui entre 7 à 8 autres qui cherchaient à piller chez un boulanger, lui paraissait plus acharné,

que sur l'ordre de M. Le Laboureur, il a été arrêté et conduit entre les 2 guichets du Grand Châtelet.

Pierre Cournet, 36 ans, natif de Craponne, diocèse du Puy en Velay, terrassier demeurant à Paris rue neuve St Sauveur, chez la femme Cleret herboriste, a dit que vers 11 heures du matin, étant à travailler à un bâtiment dans l'enclos St Martin, il a vu plusieurs particuliers courir et les a entendus crier d'aller chercher du pain, qu'il a été avec la foule, qu'un moment de faiblesse l'a porté à faire comme les autres parce que quoique son métier le fasse vivre, il s'est trouvé très souvent à court, et que d'ailleurs, en voyant l'émeute, et craignant de ne point avoir de pain pour lui et sa femme, il a voulu profiter de la circonstance pour se le procurer.

(...) à lui représenté son tort de contribuer à augmenter le tumulte, d'aller prendre impunément à un autre ce qui ne peut lui appartenir qu'en payant (...), a dit qu'il avoue avoir tort n'en prévoyant point les suites qui sont malheureuses pour lui et sa femme qui est d'une santé faible et a peine de gagner sa vie.

Ecroué à la prison du Grand Châtelet *(Y 10558).*

8 mai 1775. 9 heures du soir. Commissaire Serreau, François Louvet dit Bourguignon, 47 ans, porteur de Mr Gaetan, demeurant chez lui rue de Bourgogne, natif de Seurre en Bourgogne, ne se rappelle pas ce qu'il a crié, cependant comme il était pris de vin, et ayant bu dans la journée sans avoir mangé, il serait possible qu'il eut crié plus qu'il n'eut cru le faire, mais au surplus que c'est la faim qui en était cause et n'avait nulle envie de faire une sédition *(Y 10558).*

**Une géographie de la violence**

*Faire une étude topographique du Paris violent — rue après rue — c'est tracer la carte du Paris popu-*

*laire du XVIIIe siècle. C'est aussi renoncer à l'idée que la géographie de la criminalité serait spécifique d'une marginalité opposée au reste de la population. La violence est intégrée aux formes d'activités populaires. Paris ne cache pas dans ses entrailles des lieux particulièrement menaçants où naîtrait la violence. La ville étale simplement au grand jour ses quartiers actifs, que n'ont pas encore tout à fait quittés les riches et les bourgeois, où la vie se fabrique dans le travail, la misère, l'agression et la menue délinquance, aussi endémique que les maladies et les contagions. Bien sûr, certains lieux favorisent plus que d'autres l'effervescence : marchés, halles, cabarets, barrières et guinguettes.*

*La Seine et ses abords sont peut-être ici les lieux les plus fascinants de la capitale; sur un espace restreint se coudoient des groupes sociaux bien différents dont la seule unité est, peu ou prou, de vivre du bord de l'eau. Autour du fleuve et étroitement serrées contre lui, les petites rues qui le longent ou descendent jusqu'à lui, forment un réseau capillaire étonnant où s'entasse le monde : ni aisance, ni possibilités élémentaires d'hygiène. La rue du Roi-de-Sicile comme celle de la Mortellerie sont souvent citées dans les procès-verbaux. Elles sont typiques d'une suractivité particulière et d'un habitat surpeuplé. Parallèles à la Seine elles délimitent ce quartier étiré de la rive droite, cerné au Nord par d'autres ruelles enserrant les hôtels du Marais. Ainsi place de Grève, à l'arrivée de la rue Vieille-du-Temple, sur les bords de la rivière, une entrelacs de rues étroites trace un des quartiers les plus fébriles de la capitale.*

*Sur sa rive gauche, se repère un même enchevêtrement qui s'étire, lui, de Saint-Germain-des-Prés à la place Maubert; la rue Saint-André-des-Arts en est un des nerfs les plus sensibles avec toutes les petites rues débouchant près du pont Saint-Michel. Lieu d'activités multiples il s'étend jusqu'au marché de la place Maubert entouré de ruelles minuscules qui sont autant de cloaques. Le marché Maubert anime ce quartier pauvre, aussi actif et moins cité pourtant que les Halles. Un peu au sud-est de ce lieu stratégique, voici le faubourg Saint-Marcel, traversé par la Bièvre qui passe à ciel ouvert devant l'hôpital de la Salpêtrière avant de se jeter dans la Seine. C'est par la rue Mouffetard, plus passagère que la rue Saint-Jacques, que l'on va de la place Maubert au faubourg Saint-Marcel. C'est un des endroits où se logent comme ils le peuvent ceux qui vivent en garnis. Violente, la rue Mouffetard l'est autant que sa population est démunie.*

*En s'éloignant de la Seine vers le nord, s'ouvre un des espaces les plus connus du Paris populaire, mille fois décrit ou dessiné par les contemporains : les Halles, vaste carré allant de la rue Montmartre à la rue Vieille-du-Temple, cerné au nord par les boulevards et le quartier du Temple, et coupé du nord au sud par les rues Saint-Denis et Saint-Martin. L'église Saint-Eustache s'y assoit, entourée de ruelles rejoignant le quartier Saint-Merry. C'est dans cet espace que se situe la fameuse Cour des Miracles, rendue inoubliable par Victor Hugo, et qui fait encore partie de la mémoire populaire et de ses fantasmes les plus tenaces. Au XVIIIe siècle, Sauval la décrit abondamment :*

De tant de cours de miracles, il n'y en a point de plus célèbre que celle qui conserve encore, comme par excellence, le nom de Cour des Miracles. Elle consiste en une place d'une grandeur très considérable et en un très grand cul-de-sac puant, boueux, irrégulier qui n'est point pavé. Autrefois il confinait aux dernières extrémités de Paris, à présent il est situé dans un des quartiers des plus mal bâtis, des plus sales et des plus reculés de la ville, entre la rue Montorgueil, le Couvent des Filles Dieu et la rue neuve Saint Sauveur, comme dans un autre monde. Pour y venir, il se faut souvent égarer dans de petites rues vilaines, puantes, détournées; pour y entrer il faut descendre une assez longue pente de terre, tordue, raboteuse, inégale [24].

*Pourtant dès le milieu du XVII^e^ siècle, c'est-à-dire dès la création de l'Hôpital Général en 1656, les enclos de misère, les culs-de-sac dangereux et puants de malpropreté sont petit à petit détruits et les vagueux enfermés les uns après les autres. Au XVIII^e^ siècle, la Cour des Miracles n'est plus une réalité sociale, mais un mythe tenace qui s'appuie en outre sur la conviction que Paris conserve des zones dangereuses et que là où il y a de la malpropreté et des rues resserrées, il y a désordre social* [25]. *Tout îlot de marginalité est ressenti comme une cour des miracles, lieu d'avilissement et de débauche.*

*Plus loin et séparé par un îlot calme, le faubourg Saint-Antoine. La densité maître-compagnons y est très grande; lieu de domination d'une couche sociale sur une autre, sa vie conflictuelle est importante. Il faut encore parler de deux quartiers plus décentrés que ces derniers, où l'on habite peu et où l'on se bat pourtant beaucoup : ce sont les Porcherons au nord-ouest de Paris et la Courtille au nord-est, tous deux hors barrières. Entre les deux, le quartier de la Nouvelle France est lui aussi assez violent : les cabarets et les guinguettes s'y remplissent régulièrement le dimanche et le lundi. Certes, on va beaucoup plus facilement vers le nord de Paris que vers le sud : si les barrières de Sèvres, de Vaugirard, d'Enfer connaissent aussi la faveur du public, elles sont certainement moins envahies. Car la plus grande partie du petit peuple vit au nord de la Seine.*

*Finalement la géographie de la violence trace sur la carte de Paris les lieux et les chemins empruntés quotidiennement par les gens de la rue. L'ouest de Paris n'est guère touché par la violence populaire, sauf en un lieu précis : là où la rue Saint-Honoré longe le Palais Royal, quartier des prostituées; mais elles sont réservées à une clientèle riche. Les pauvres trouvent les leurs rue du Port au Foin, rue de la Truanderie ou rue Saint-Denis. A l'ouest, on bâtit pour une bourgeoisie qui s'installe et déserte le centre malsain de la capitale.*

## III

## Entre l'intégration et l'exclusion

*Certains groupes sociaux possèdent avec plus d'évidence que d'autres l'espace de la rue; ils en tirent leur substance principale et vivent quasiment en symbiose avec le pavé de Paris qu'ils connaissent parfaitement. Très mobiles ou simplement de passage, oscillant parfois entre le manque d'emploi et l'accession à de menus travaux, ils ne peuvent réellement s'intégrer aux structures dominantes. Pourtant, ayant acquis par nécessité des habitudes culturelles qui leur sont propres, ils se fondent si bien au paysage urbain qu'ils en dessinent les figures les plus habituelles et facilement reconnaissables — voire typiques. Cela est vrai des gagne-deniers, décrotteurs, porteurs d'eau et vendeurs à l'étal; ambulants, disparaissant du jour au lendemain, glissant d'un travail à l'autre selon les occasions, ils forment un groupe aux frontières imprécises. Il est fréquent de les retrouver pour un temps parmi les mendiants dont le nombre obsède les tenants du pouvoir. Cela est vrai aussi des soldats qui sont de passage à Paris ou en permission de 6 mois; oisifs, sans vergogne, prompts à se battre, on les retrouve au cabaret ou aux barrières, dans les trafics comme dans les rixes; très isolés, ils ont souvent affaire aux prostituées, autre groupe social aux limites assez floues, mais traditionnellement réputé pour coller au pavé.*

*Etrange statut que celui de ces groupes, qui explique qu'on leur réserve une place à part : ils donnent sans aucun doute à la rue parisienne une tonalité originale et façonnent de façon caractéristique l'espace urbain; par ailleurs leurs activités sont si multiples et si désordonnées, aux limites de ce qui est toléré et glissant sans cesse à travers les interdits, qu'ils sont poursuivis, repoussés vers les marges de la société, et menacés d'exclusion.*

*C'est justement parce qu'ils fonctionnent réellement et symboliquement comme des maîtres insaisissables de la rue, responsables du désordre urbain, qu'ils sont rejetés tout au long du XVIII^e siècle vers une marginalité radicale. Exclus parce que trop intégrés à ce qui donne à la rue son caractère dangereux, difficilement convertible en ordre et en clarté. Refoulés vers une marginalité nommée d'en haut pour qu'il soit plus aisé de les séparer du reste de la population urbaine.*

### Les métiers ambulants

*Recrutés dans les mêmes couches instables de la population, ils ont en commun une large vie itinérante qui leur permet de connaître Paris mieux que n'importe quel sergent du guet et d'établir des réseaux diffus de relations où les solidarités furtives jouent un grand rôle.*

*Commissionnaires et gagne-deniers courent la rue à la recherche d'un emploi (d'une commission) occasionnel. On les engage à la journée, parfois à l'heure. Petits métiers de peu qui ne demandent pas de mise de fonds, ils sont la dernière chance de celui qui n'a en vue aucun autre travail : une péripétie de plus.*

*Interrogatoires et témoignages en disent bien l'aspect précaire. François Jacquiot logeur a eu pour loca-*

*taire le gagne-deniers François Ponsard sur lequel il donne des renseignements :*

François Jacquiot. 37 ans passés, aubergiste logeur demeurant Cour des Miracles place des Petits Carreaux, dépose que le Sieur Ponsard ne couchait plus depuis quelques temps chez lui, qu'il cherchait à gagner sa vie de différentes façons, soit à décroter, soit à vendre de petits pâtés, qu'il se souvient bien qu'il le pria de bien vouloir répondre pour lui au pâtissier du faubourg Saint-Denis d'une trentaine de sols pour fourniture de petits pâtés, et que c'est depuis ce temps que Ponsard n'est plus venu coucher chez lui *(Y10159. 16 mars 1753).*

Gagner sa vie de différentes façons... *c'est bien la même chose qu'explique Philippe Jourdain gagne-deniers, arrêté pour vol d'effets le 10 mars 1758.*

... à lui demandé ce qu'il venait faire à Paris depuis deux jours qu'il y est arrivé (...), a dit qu'il voulait gagner sa vie, qu'avant il a été du côté d'Orléans pour travailler mais n'ayant pu trouver il est venu à Paris.
... à lui demandé si c'est la première fois qu'il est à Paris (...), a dit qu'il y a déjà passé trois ans à y faire des commissions et à décrotter.
... à lui demandé pourquoi dès lors il a quitté Paris (...), a dit parce qu'il n'y gagnait pas sa vie *(Y 10200).*

*L'itinérance obligée du commissionnaire ne l'empêche pas d'acquérir des habitudes. Il y a des coins meilleurs que d'autres pour attirer la clientèle; on s'y tient à heures fixes tout comme les voitures de louage.*

Est comparu François Bernard, marchand de bois, a dit qu'il y a 5 mois, ayant coutume de se servir pour ses commissions d'un gagne deniers habitué au coin de la rue Royale, ce particulier allant un jour à la cave, il laissa 2 bouteilles de vin derrière la porte et les mit dans sa chemise... *(Y 10207).*

*Quand le travail manque, il n'y a guère d'autre issue que la mendicité. Le glissement est immédiat et si évident que le gagne-deniers interrogé se présente parfois au commissaire sous cette double qualité.*

Est comparu André Lafinot, 13 ans 1/2, fils d'André dit Bourguignon, gagne deniers faisant des commissions quand il en trouve et mendiant, demeurant avec son père chez la dame Vallée la gueuse dans la grande rue des Porcherons, chez laquelle son père loge avec lui à 4 sols par nuit *(Y 10149).*

*L'activité des gagne-deniers se résume par une utilisation large et imprévisible de l'espace urbain. Utilisation si nécessaire que le commissionnaire est forcément un des êtres les plus informés de ce qui se passe à Paris, dans la moindre de ses ruelles. Ce qui n'est pas pour rassurer le commissaire de police.*

*Seconde catégorie d'ambulants : les vendeurs à l'étal. On devient étalier comme on devient gagne-deniers, en suivant le même processus de marginalisation socio-économique.*

Antoinette Meusnier, 45 ans, épouse de Nicolas Nicault gagne-deniers, demeurante aux Porcherons paroisse Montmartre, dépose que son mari s'étant trouvé sans un sol, et n'ayant pas occasion de travailler pour gagner de l'argent, il a proposé de prendre quelques melons pour les revendre et pour avoir du pain, et que c'est l'extrême misère qui l'a obligé *(Y 10120. 20 novembre 1748).*

*En principe, le métier est libre. Beaucoup portent leurs outils de travail sur le dos, comme les vendeurs de café au lait, de tisane, ou encore ceux de brioches ou de lacets. Quelques-uns possèdent un étal, ils le posent à endroit fixe et ils doivent le ranger le soir* *venu. D'autres occupent un morceau de trottoir *, une encoignure de porte cochère ou un minuscule « carré » à la porte d'une église. Les problèmes d'emplacement vont provoquer une immixtion de la police de plus en plus fréquente dans leurs affaires. Embarras de circulation, disputes aiguës pour des emplacements plus rentables, les revendeurs tiennent véritablement le pavé. Ils sont l'occasion de troubles de plus en plus nombreux et se montrent particulièrement rétifs aux ordres des commissaires de police. C'est un problème si vaste pour les autorités, que les correspondances de police s'en font largement l'écho. Car il y va de la tranquillité publique :*

*24 août 1763. Lettre de De Sartine.*

Il s'est établi, Monsieur, à l'entrée de la Courtille et des Porcherons et autres guinguettes de ce quartier des femmes qui vendent aux gens du peuple des espèces de torches composées de bouts de cordes enduites de poix de résine pour rentrer le soir dans Paris; il en peut résulter de très grands inconvénients par l'état d'ivresse où sont ceux qui les portent. On en a vu qui les jetaient de côté et d'autre sans s'embarrasser si elles pourraient tomber dans des caves. Quoiqu'il y ait lieu de penser que cette vente cessera lorsque l'illumination des lanternes recommencera, il est utile de prendre des mesures et des deffenses sous peine de prison [26].

*En 1767, ordre est donné aux marchands de s'inscrire sur les registres du Châtelet dans un délai de trois mois. Il ne semble pourtant pas que les réglementations officielles aient eu de réelle efficacité sur ce monde ambulant. Les commissaires s'en plaignent dans leur correspondance.*

* Les trottoirs n'apparaîtront que très tardivement : on en signale quelques-uns vers 1782.

*Il est même assez étonnant de voir comment une petite revendeuse de fruits et de légumes peut tenir tête à la police, et l'histoire de Marie Thérèse Roisin est à cet égard assez stupéfiante. Ses refus réitérés d'obéissance vont obliger à une longue correspondance entre gens de police, sans qu'il soit question de la faire obéir de force, excepté au dernier moment. A première vue, le rapport de forces est indubitablement du côté de la police, mais ce serait sans doute s'exposer à de violents mouvements de solidarité, donc à des troubles trop graves. La force est parfois du côté de ceux que l'ordre n'apprivoise pas.*

*10 juillet 1777. Lettre du commissaire Fontaine à l'inspecteur de police Longpré.*

Marie Thérèse Roisin, revendeuse de fruits et de légumes, s'est établie sans permission rue des Bons Enfants, à l'entrée de cette rue du côté de la rue St Honoré, précisément dans l'endroit où elle nuit le plus, j'ai mandé cette fille deux fois, deux fois je lui ai deffendu de s'y mettre en lui permettant cependant de se placer contre la porte du cloître, où cette rue est plus large et moins embarrassée. Mais elle n'a eu aucun égard aux deffenses que je lui ai faites de votre part.

Je ne sais ce qui peut la soutenir en cette désobéissance, mais j'ai remarqué avec surprise qu'en ce moment-ci elle faisait plus d'embarras qu'elle n'en faisait avant mes deffenses.

J'estime Monsieur, qu'il est nécessaire que vous donniez des ordres à l'officier de police d'arrêter cette femme, et de la conduire chez moi, pour la mettre à portée de la punir de sa désobéissance, ou lui faire grâce une troisième fois selon les circonstances.

*16 juillet 1777. Lettre de Longpré, inspecteur.*

Monsieur, j'ai l'honneur de vous rendre compte que

je me suis transporté à la place de la nommée Roisin, revendeuse, établie sans permission rue des bons enfants, à qui j'ai signifié de se retirer et de faire sa soumission chez Monsieur le Commissaire Fontaine, qui n'en a rien fait, après l'avoir avertie trois jours de suite, même deux fois chaque jour, comme cette fille est de la dernière obéissance, j'estime que vous me fassiez passer des ordres pour l'arrêter n'ayant eu aucun égard aux représentations que je lui ai faites de votre part.

*18 juillet 1777. Lettre du lieutenant général de police, Lenoir.*

Je charge monsieur le seigneur de Longpré de conduire devant nous la nommée Roisin qui continue d'étaler des fruits et des légumes à l'entrée de la rue des Bons Enfants malgré les deffenses qui en ont été faites, quoique je ne puisse que de m'en rapporter à vous sur ce que vous croirez devoir ordonner sur le compte de cette femme, je pense cependant qu'attendu sa désobéissance réitérée, c'est le cas de l'envoyer en prison.

Je suis votre très humble serviteur.

Signé Lenoir *(Y 13163).*

*Rétive, Marie Thérèse Roisin n'est pas la seule dans ce cas. Deux ans plus tard le lieutenant général Lenoir envoie sans cesse des circulaires à ses commissaires pour le prévenir du désordre continu qu'entretiennent les revendeurs.*

Je vous prie Monsieur de m'envoyer le plus tôt possible l'état des échoppes qui sont dans votre quartier avec vos observations sur celles qui peuvent être tolérées ou qui embarrassant la voie publique doivent être supprimées. Messieurs vos syndics vous ont sans doute parlé de cet état au mois de novembre dernier, plusieurs de vos confrères ont envoyé leur quartier, j'attends les autres pour faire un travail général qui puisse prévenir de nouveaux abus dans une partie aussi intéressante pour la sûreté publique.

*Le même dossier contient la réponse du commissaire du quartier Saint-Eustache :*

Etat des échoppes et étalages qui sont construites dans le quartier St Eustache avec observations sur celles qui peuvent être tolérées ou doivent être supprimées.

Rue Montmartre (...) toutes ces échoppes peuvent être tolérées parce qu'elles ne gênent pas la voie publique. Mais depuis longtemps il se place tous les matins dans la rue Montmartre près la pointe St Eustache 6 ou 7 femmes pour vendre des fruits et laitages qui embarrassent beaucoup, parce que d'une part la rue est étroite en cet endroit et d'autre part les étaux à bouchers qui sont à l'autre coin de la pointe avançant de plus de six pieds sur la rue, le passage se trouve souvent intercepté et il y a toujours impossibilité d'y faire passer deux voitures le matin. Le commissaire du quartier a tenté plusieurs fois de remédier à cet abus lors des différents accidents qui y sont arrivés et il n'a jamais pu y réussir. Cela serait cependant bien facile si le magistrat voulait donner des ordres à la garde de poste à la pointe, de chasser ces femmes et dans le cas où elles refuseraient d'obéir de les arrêter et de les conduire chez le commissaire... *(Y 13163).*

*La tâche des commissaires est très difficile et les soldats du guet ont bien de la peine à faire plier bagage aux étaleuses; ils ont aussi fort à faire pour atténuer les disputes.*

Le sergent de poste requis de se transporter quay Pelletier, à la descente du pont notre dame, où une infinité de revendeuses de fruits étalent leurs marchandises au mépris des différentes ordonnances des magistrats de police rendues, pour faire cesser les embarras qu'elles occasionnent à la voie publique et aux boutiques qu'elles masquent, et y a arrêté une d'entre elles qui a maltraité d'un coup de maillet un perruquier qui la voulait renvoyer.

Jean Dedieu Hulot, maître perruquier à Paris, demeurant pont notre dame, se plaint contre toutes ces revendeuses, a voulu en déplacer une qui lui a donné un coup de maillet *(Y 9832)*.

L'adjudant de la garde de Paris a arrêté Louise Mathurin Perin, femme marchande de cannes, qu'il a trouvé vendant des cannes et des éventails à la porte de l'église Saint Martin, sans permission et sans qualité, lui a dit deux fois de se retirer au moment où la procession rentrait, ce que la dite particulière n'a pas voulu faire. Les cannes et éventails ont été déposés au greffe et la particulière relaxée *(Y 15117)*.

Le sergent du guet de poste place de Grève, requis par Marie Tarcy marchande de fruits, demeurante rue de la Vannerie, pour se transporter rue Jean Pain Mollet, au sujet de Jean Eteve, fruitier, laquelle Tarcy étant à vendre ses cerises au coin de la rue St Bon, le dit Eteve lui a donné un coup de pied à son inventaire et a renversé toutes les cerises, en lui disant qu'elle ne devait pas vendre ses cerises à sa porte, plusieurs particuliers cy-présent ont attesté que la dite Tarcy n'était point à la porte d'Eteve comme il le prétend, et que c'était mal à propos qu'il lui a donné le coup de pied.

Renvoyés après s'être arrangés *(Y 15117)*.

*Essayant de se préserver au maximum des patrouilles du guet, ces petits métiers transforment à leur insu les désavantages de leur condition en moyens plus ou moins efficaces de résister aux diverses formes de contrôle. Leur itinérance obligée n'est pas que faiblesse; elle permet quelques complicités et favorise parfois une certaine façon de glisser à travers les mailles du dispositif policier.*

## Soldats en congé

*Très présents dans les incidents quotidiens, rixes ou bagarres, ils ne forment un groupe que contre leur gré. C'est leur passage obligé dans la vie militaire qui les réunit, c'est-à-dire la malchance d'avoir été tirés au sort, ou racolés de façon plus ou moins honnête par un officier recruteur. De passage à Paris, ils mettent en commun l'amertume certaine de leur destin. Ils ont quitté métier, pays et famille. Assidus au cabaret, aux guinguettes, aux barrières, on les surprend souvent lors des échauffourées. C'est aussi en commun qu'ils ont mauvaise réputation : agitateurs, prompts à la bagarre, prêts à tout pour disposer enfin d'eux-mêmes, ils sont en retour étroitement surveillés par des patrouilles militaires chargés de visiter de jour comme de nuit les cabarets où ils trouvent à la fois loisirs et possibilités de désertion.*

Mardi 29 février 1780, midi, (...) a conduit devant nous un particulier militaire qui a donné un coup d'épée dans un soldat suisse en grand danger de mort, Charles Laignebet, 25 ans, natif de Paris, revenant de la Nouvelle France il a été chez sa mère, pris de boisson il a fait querelle *(Y 9887).*

27 octobre 1770, 9 heures du soir, le caporal de poste au marché neuf s'est transporté rue de l'Hirondelle où il y avait bacanal entre un particulier militaire et un fruitier Michel Barthélémy. Barthélémy se plaint contre François Genis, 20 ans, natif de Paris, demeurant chez son père et n'ayant pu nous présenter sa cartouche. Envoyé au For l'Evêque pour discipline militaire *(Y 12705).*

*C'est à la prison militaire de l'Hôtel de la Force ou à celle du For l'Evêque que sont envoyés les contrevenants; en 1786, par exemple, les patrouilles militaires de Monsieur le Commissaire Hugues en arrêtent 192 au cours de 20 interventions dans l'année* [27]. *Le 19 avril 1786, la huitième patrouille du commissaire fait le rapport de ses activités nocturnes :*

J'ai fait, le jour d'hier, une patrouille militaire accompagnée de Mr le commissaire Hugues et d'un sergent du régiment des gardes françaises, que nous avons commencé à 10 heures du soir et fini à 2 heures du matin, visitant les guinguettes des Porcherons et de la nouvelle France et les différents quartiers de cette ville passant par le corps de garde de la Grange Batelière, que nous trouvant à 10 heures 1/4 rue Montmartre j'ai arrêté le nommé Jacques Fleury, soldat garde suisse, et Borain soldat du régiment du Vexin, à 10 heures 3/4 aux Porcherons le sieur le Roy, cavalier au régiment de Pièmont, à 11 heures à la Nouvelle France, Jacques Michel et Joseph Lambert, soldat du régiment d'Auxerrois, et Nicolas Rondy soldat des colonies déserté après avoir été mis en route.

J'ai remis Fleury et Borain au sergent de sa compagnie et le second à son officier devant partir ce matin et ai conduit le Roy, Lambert et Rondy aux prisons de l'hôtel de la Force où je les ai recommandés de discipline militaire *(Y 11035).*

*Pour éviter de trop fréquents troubles la garde et le guet sont habilités à arrêter les soldats : ils ont ordre de les envoyer directement dans les prisons militaires. D'ailleurs les transgressions commises se ressemblent toutes. Elles correspondent assez bien à l'état semi-désœuvré, semi-contraint que les recrues connaissent lorsqu'elles sont de passage à Paris. L'infraction la plus courante consiste à se trouver dans des cabarets aux heures où ceux-ci devraient être fermés et où ils devraient eux-mêmes avoir rejoint leur poste.*

Dimanche 8 avril 1770. 11 heures du soir. Chargé des ordres de Mr le lieutenant général de police a arrêté rue de la Vieille place aux veaux dans un mauvais lieu, Pierre Gournay, 21 ans, natif de Paris, soldat du régiment d'Auvergne en garnison à Valenciennes. Envoyé pour Fort l'Evêque pour discipline militaire.

22 octobre 1770. 11 heures du soir (...), arrête dans un cabaret Jean Bellefontaine, 23 ans, natif d'Avranches, soldat au régiment du Vivarais — conduit à la Prison du For l'Evêque *(Y 12705).*

*Il leur arrive aussi de commettre des infractions d'ordre strictement militaire, dont certaines les mettent en conflit ouvert avec leurs supérieurs, ou avec les maréchaux des logis chargés du recrutement. Puisque, désœuvrés et sans attaches précises, ils hantent les « mauvais lieux », il est presque normal de les retrouver auprès des prostituées, dont ils sont les clients.*

**Les femmes du monde**

*Si elles ne sont pas toutes sur le trottoir, ni reconnaissables au premier regard, elles sont de toute façon nombreuses* [28]. *Les estimations varient selon les auteurs; pour L. S. Mercier :*

... on compte à Paris 30 000 filles publiques, c'est-à-dire vulgivagues, et 10 000 environ moins indécentes qui sont entretenues et passent d'année en année en différentes mains. On les appelait autrefois filles folles de leur corps [29].

*Quarante mille filles du monde, dont les trois*

*quarts appartiennent aux couches les plus paupérisées de la société. On compte une douzaine de groupes parmi les filles publiques, mais il faut savoir que les dernières classes des prostituées sont à la fois les plus fournies et les moins protégées. Ce sont les vraies pauvres du métier. Dans un livre anonyme édité à Londres en 1775* [30]*, un auteur inconnu s'applique à classer toutes ces femmes publiques en catégories bien distinctes. Cette sorte de délire classificatoire lui fait décrire 12 classes de prostituées aux noms évocateurs : courtisanes, demoiselles, raccrochantes, raccrocheuses, boucaneuses, gouines ou barboteuses...*

*Les sept premières classes sont composées de filles destinées à la haute société, vivant dans des conditions qui leur évitent d'être exposées au regard des passants. Ce ne sont pas les plus nombreuses; elles sont à peu près dix mille et portent le nom discret de femmes entretenues. Les actrices de l'Opéra, des Comédies française et italienne sont très prisées des ducs et des marquis. Un autre groupe est composé de jeunes filles qu'on vient chercher chez une maquerelle publique, et qu'un homme riche choisit d'entretenir de façon bourgeoise et coquette. Ce sont les demi-entretenues. Puis viennent les filles de moyenne vertu qui ne se prostituent qu'aux mortes saisons dans leur métier et qui sont très appréciées des libertins aisés qui n'aiment guère s'attacher longtemps. L'ensemble de ces prostituées de luxe forme véritablement un monde à part, par rapport à la masse de celles qui « raccrochent » dans la rue, dans un état proche de celui de la mendicité.*

Si la prostitution venait à cesser tout à coup, 20 000 filles périraient de misère, les travaux de ce sexe malheureux ne pouvant pas suffire ici à son entretien ni à sa nourriture. Aussi ce débordement est-il comme inséparable d'une ville populeuse et une infinité de métiers ne subsistent que par la circulation rapide des espèces qu'entretient le libertinage [31].

Toutes ces filles qui le soir vous offrent leurs appas pour une légère rétribution, peuvent être considérées comme de jeunes mendiantes; car elles sont plus affamées que libertines. Elles vous demandent votre argent plutôt que vos caresses [32].

*Toutes n'ont pas la même façon de travailler. Les raccrocheuses sont établies pour leur compte; les boucaneuses vivent chez les maquerelles mais s'offrent au premier venu et travaillent pour elles-mêmes. Elles vont de cabarets en ruelles et mènent une vie sans beaucoup de profit parce qu'elles doivent non seulement payer pension à la maquerelle, mais lui louer leurs habits et leur linge. Souvent si cher qu'il ne leur reste pas grand-chose pour survivre. Les raccrocheuses, elles, sont très mal logées en chambres garnies. Poursuivies par la police, elles s'abritent parfois chez des maquerelles qui sont de la même classe qu'elles et qui ne sont pas plus protégées qu'elles.*

*Plus on descend vers la misère, plus les termes employés par les auteurs pour décrire les filles sont ceux du dégoût et de l'horreur. Comme si la prostitution en descendant l'échelle sociale devenait synonyme de fange et de puanteur, termes évités aux Actrices de l'Opéra dont la beauté n'a d'égale que le plaisir qu'elles donnent.*

Les Barboteuses. Ce sont des malheureuses qui se trouvent le long des maisons dans les rues peu fréquentées où elles exercent effrontément leur impudique métier, qui n'ont pour logement que des galetas dans les faubourgs. Elles sont très dangereuses pour les hommes de peine qui s'y arrêtent, qu'elles infectent du poison vénérien.

Il faudrait à ces malheureuses un nom plus vil encore; laides, dégoûtantes, crapuleuses, elles attirent pourtant l'attention d'une foule de pauvres artisans, serruriers, taillandiers, maréchaux, maçons, manœuvres, porteurs d'eau, et qui ne sont pas mariés [33].

*Mercier est du même avis :*

Le dernier gradin plongeant dans la fange montrerait les hideuses créatures du Port au Bled, de la rue du Poirier, de la rue Planche-Mibray (...) Ici le vice a perdu son attrait et le frisson qui court dans les veines dit que la débauche sait se punir elle-même [34].

*Celles qui se prostituent dans les ruelles centrales de Paris, proches des abattoirs,* sont les victimes de la volupté grossière. *Et là, bien sûr, elles ne peuvent évoquer que la monstruosité. On ne leur donne même plus le nom de femmes :*

Dans un lieu si puant, si abominable, elles se prostituent au bruit des hurlements, des bêlements lamentables, des troupeaux égorgés. Et qui va trouver ces monstres femelles? Les garçons bouchers [35].

*Les quartiers de la prostitution sont essentiellement ceux du centre de Paris, dans ces entrelacs de ruelles qui découpent les Halles puis forment un dense réseau capillaire jusqu'aux bords de Seine où se logent les ports. Là où passent salariés et gagne-deniers, là se placent les filles; si bien qu'on les retrouve aussi aux Barrières, aux cabarets des faubourgs et près de certains marchés comme celui de Maubert, par exemple.*

*La police a, vis-à-vis de la prostitution, une attitude peu surprenante : elle s'en sert autant qu'elle la réprime, mais sa répression s'exerce surtout sur les plus pauvres. De toute façon, la police a besoin des prostituées :*

On dirait aussi qu'elles ont deviné que la Police avait un besoin continuel de leur ministère et que si elles ne pullulaient pas en arrivant des Provinces voisines et éloignées ou les appellerait de tous côtés pour approvisionner la ville qu'on ne laissera point chômer de cette denrée.

En effet un Pasteur s'étant plaint à un lieutenant de

police que sa paroisse était infestée de femmes publiques le magistrat lui répondit tranquillement : « Monsieur le Curé, il m'en manque encore 3 000 [36]! »

*Les mauvais lieux ont toujours servi à attirer une population qu'il est d'abord possible de surveiller avant de l'exploiter, si besoin est.*

La police ouvre certains endroits pour que les mauvais garnements y tombent en y venant d'eux-mêmes (...) Les filles publiques servent encore aux recruteurs. Le héros embaucheur tenant ses assises dans un cabaret, cède sa maîtresse à celui qu'il veut enrôler, il paie le vin qu'il lui fait boire et, après quelques jours de débauche, le jeune libertin qui n'a pas de quoi s'acquitter est obligé de se vendre [37].

*On comprend alors que certaines prostituées soient protégées par des mouchards, qui jouent le double rôle de souteneurs et d'hommes de main de la police.*

15 juillet 1788, trois heures après-midi, Anne Thérèse Dubuisson, femme du monde demeurante Pont-Marie, se plaint que Chainier brocanteur sans vivres et sans place, vient chez elle depuis deux mois l'injurier sans raison et l'a maltraité, a le visage masacré, il lui dit qu'il la tuera, elle, et son mouchard qui la protège *(Y 15117).*

## Ordre public, ordre moral

*Sauvegarder l'ordre public, mettre un semblant de règles dans les rues de Paris, sans toutefois démanteler complètement les réseaux indispensables de prostitu-*

*tion : voici la tâche ambivalente de la police où la tolérance, voire la complicité, se juxtapose à la répression.*

*Les registres du guet tiennent le compte exact des arrestations qui se font parfois par périodes, un peu comme les rafles des mendiants.*

Toutes les semaines, on en fait des enlèvements nocturnes (...) on les conduit dans la prison de la rue St Martin et le dernier vendredi du mois, elles passent à la Police, c'est-à-dire qu'elles reçoivent à genoux la sentence qui les condamne à être enfermées à la Salpêtrière. Elles n'ont ni Procureurs, ni Avocats, ni défenseurs, on les juge fort arbitrairement. Le lendemain, on les fait monter dans un chariot qui n'est pas couvert (...) ce char scandaleux traverse une partie de la ville en plein jour (...) Arrivées à l'hôpital on les visite et on sépare celles qui sont infectées pour les envoyer à Bicêtre y trouver la cure ou la mort [38].

On enlève tous les mois sans beaucoup de façons et sur simple ordre d'un commissaire 3 à 400 femmes publiques. On met les unes à Bicêtre pour les guérir, les autres à l'Hôpital pour les corriger. Celles qui ont de l'argent se tirent d'affaire [39].

*Ces arrestations se font parfois sur plaintes de passants qui n'apprécient guère d'être racolés en pleine rue, ou qui ont des comptes à rendre avec telle femme.*

11 janvier 1770, onze heures du soir. Le sergent de poste du pont neuf a arrêté au pont aux choux deux particulières, à la réquisition d'un particulier qui s'est plaint d'avoir été maltraité et racroché. Elizabeth Landrieux, 25 ans, native de Paris, demeurante rue de la Comédie, polisseuse en or et en argent, est écrouée à la prison de Saint Martin *(Y 12705).*

*D'autres se font arrêter au passage des patrouilles, ou sur dénonciation :*

23 mars 1770, 8 heures du soir. Le caporal de poste au pont neuf a arrêté deux particulières qui racrochaient.

Charlotte Delay ouvrière en linge, 20 ans, native de Besançon, demeurante rue Dauphine.

Rosalie Allin, femme de Laurent Dharcourt postillon de Mr Detre, vieille rue du Regard, 20 ans, native de Tours.

Conduites à la prison de St Martin pour répondre à la police.

15 juin 1770, 10 heures du soir, chargé des ordres du lieutenant général de police, a arrêté rue de la juiverie une particulière Anne Massard, veuve de René Richard, 40 ans, native du Mans, tenant mauvais lieu depuis un an, et Françoise Ardoise, 40 ans, native du Mans, couturière demeurante avec la veuve Richard, femme du monde depuis 3 ans, et sortie de l'hôpital il y a 6 mois où elle est restée 6 mois. Ecrouées sur ordre du Roy *(Y 12705).*

*Pour éviter des promiscuités dangereuses, il est interdit de louer à des femmes du monde. Mais la situation n'est pas aussi claire que le voudraient les ordonnances, et les prostituées sont souvent exploitées par de petits propriétaires sans scrupule, eux-mêmes vulnérables.*

Il est défendu de louer à des femmes prostituées; et sans elles néanmoins la moitié des appartements serait vide. Les perruquiers et les marchands de vin sont les principaux propriétaires de ces sales tripots; ils en tirent beaucoup d'argent, se font payer d'avance, vexent ces déplorables créatures, et en sont encore les espions [40].

*Ce texte montre à l'évidence la complexité des attitudes du petit peuple à l'égard de la fille publique. En dehors de ceux qui les exploitent ouvertement, tels les logeurs, il y a tous leurs clients, si démunis parfois qu'il ne leur est pas possible de payer immédiatement. L'histoire du serrurier Edme Boulanger, contraint d'apporter son matelas, en guise de paiement à une fille, fait voir qu'ils partagent au moins la même pauvreté.*

Jeudi 28 août 1783, 6 heures du soir. Edme Boulanger, serrurier du faubourg St Antoine, nous a dit qu'il y a un mois, passant rue de la Tannerie, il a été arrêté par une fille du monde nommée Bastienne qui l'a provoqué et l'a excité à monter chez elle, comme le comparant était un peu pris de vin il y a en effet monté. Après s'être amusé avec elle, le comparant lui a donné ce qu'il avait d'argent dans sa poche, qu'après cela elle a engagé le comparant à coucher et passer la nuit avec elle, mais sous condition qu'il la paierait bien, ce que le comparant accepte, et comme lui comparant n'avait plus le sou il a été chez lui chercher un matelas qu'il a apporté à la dite Bastienne, que dans l'ivresse il lui donna un nantissement jusqu'à ce qu'il eut payé en argent à la dite Bastienne ce qu'elle voudrait exiger de lui pour sa nuit; que le comparant étant retourné le lendemain chez sa femme cette dernière lui demanda ce qu'il avait fait du matelas qu'il était venu prendre en son absence, le comparant n'osa pas lui dire d'abord, qu'il ne lui a déclaré que depuis deux ou trois jours, que la femme du comparant ayant été hier et encore aujourd'hui chez Bastienne pour ravoir son matelas, cette dernière a fait réponse que son mari n'avait qu'à venir le chercher lui-même, qu'elle ne lui rendrait qu'en lui donnant 6 livres pour la nuit qu'elle a passé avec lui, que le matelas est chez Nicolas Calfatre, à l'hôtel Dieu, qui est son ami, et qu'elle n'a pas voulu donner l'adresse, que le comparant convient que c'est un coup de boisson qui lui a fait commettre cette faute, mais n'ayant pas le moyen de donner 6 livres à la dite Bastienne, et surtout de se passer du dit matelas et n'osant pas aller le chercher lui-même, nous fait la dite déclaration *(Y 15117).*

*Le recours au commissaire n'est pas toujours craint. La prostituée peut parfois porter plainte contre ceux qui la malmènent. Il semble qu'elle soit protégée de façon assez efficace contre les violences individuelles, car pour la police il s'agit avant tout de maintenir l'ordre dans le monde dangereux des pauvres.*

Le mercredi 4 janvier 1775, 9 heures du soir. Le caporal de garde conduit un domestique armé d'une canne, prévenu d'avoir été rue d'Argenteuil chez une femme du monde, et de l'avoir rossée à coups de canne. Interrogé, Laurent Cavré, 32 ans, cocher de M. De la Coste, bourgeois de Paris demeurant à Passy, logé rue du Chantre à Paris, dit qu'il connaît la dite Lemaître seulement pour être femme du monde et avoir été aujourd'hui chez elle et lui avoir donné des coups de canne parce qu'au lieu de 24 sols qu'il voulait lui donner, elle en a voulu 36. Ecroué au Grand Châtelet.

A luy remontré qu'il a très mal fait de faire ainsi justice lui-même et qu'il devait au contraire porter ses plaintes au commissaire.

Le 6 janvier, est comparue avant midi la dite Madelaine Lemaître, blanchisseuse de bas de soye, nous a déclaré qu'au moyen de l'indemnité qu'elle a reçue, elle consent de se désister purement et simplement de sa plainte *(Y 9824).*

*Les progrès visibles de la prostitution frappent l'opinion qui cherche des remèdes à ce fléau : il faut donner du travail aux femmes, leur permettre de vivre elles aussi de l'industrie. Une vie laborieuse pour chacun permettra d'éviter toutes formes de désordres. L.S. Mercier n'hésite pas à penser qu'il faut* frapper de mépris les hommes qui se dégradent en maniant l'aiguille, en se consacrant au service des femmes; ces lâches usurpateurs de la prospérité du sexe privent les femmes de leur industrie [41]. *Quoi qu'il en soit, au XVIII^e^ siècle, les filles publiques sont sœurs de la misère. Leur monde n'est guère éloigné de ceux de leurs clients.*

**Mendier sa vie**

*Si leur groupe est important et leur présence gênante, leur histoire est simple : sous toutes sortes de qualificatifs comme voleur, débile, libertin, boîteux ou estropié, les mendiants sont d'abord des gens qui ne trouvent pas de travail. Ils ne constituent pas une classe à part, mais un monde en perdition; une maladie, un accident, une grossesse mal supportée peuvent changer le cours d'une vie, de la même façon qu'un bref passage en prison. Parfois il suffit d'avoir trop attendu de Paris, mirage collectif de tous ceux que la terre ne fait plus vivre. Les désillusions sont rapides et un grand nombre de personnes sont acculés à* demander le pain, *sans pour autant se considérer oisifs.*

*Cet afflux de pauvres vers les villes n'est pas récent. B. Geremek* [42] *note déjà aux XIV^e^ et XV^e^ siècles le rôle traditionnel de Paris dont les murs attirent les paysans pauvres et affamés. L'assistance aux pauvres aussi bien institutionnelle qu'individuelle — les legs privés, les testaments sont fort nombreux — n'empêche pas une politique sociale de se mettre peu à peu en place. On se persuade déjà qu'il faut engager les gens à travailler, tandis que subsiste encore profondément la croyance selon laquelle aider un pauvre assure le salut.*

*Le XVII^e^ siècle avait encore connu ces longues cohortes de paysans chassés par les guerres et par la surcharge fiscale* [43]. *Leur présence inquiète et exaspère l'opinion publique et la paupérisation devient un thème familier. D'autant plus aigu que la société des gueux donne prise à littérature. Hiérarchisé, organisé, trafiquant mille détours pour escroquer le maximum d'aumônes, le monde de mendiants imposteurs s'enfle au maximum et terrorise les Parisiens. Les cours de miracles se multiplient et élisent leurs chefs, leurs Rois à la discipline sévère.*

Les uns sont argotiers ou gueux les autres coupeurs de bourses; les autres voleurs de nuit et de grands chemins, tous libertins; les voleurs et les coupeurs de bourse néanmoins le sont bien davantage que les autres. Ce sont gens sans lois et sans disciplines. Les argotiers au contraire ont un roi, des lois et Royaume composé d'un nombre presque infini de sujets disciplinés, si on peut appeler de la sorte de mauvais pauvres [44].

*En même temps, s'impose l'idée de l'enfermement des pauvres, ainsi que celle de leur mise au travail. Ce sera la fin des confréries de gueux et l'éventration des cours de la misère. A l'opposé du XVIII^e^ siècle, le XVII^e^ siècle n'édifia pas de véritable politique royale contre la pauvreté : on s'organisait localement. C'est seulement sous le règne de Louis XIV que l'enfermement deviendra forme officielle d'assistance et la base d'une politique générale. En 1656, s'ouvre l'Hôpital Général sur édit royal : les pauvres doivent être enfermés. Il faut d'abord les rendre invisibles au reste de la population : créer à tout prix un monde séparé. Les partisans de l'enfermement identifient misère, paresse et criminalité. En interdisant l'aumône dans la rue, et en contraignant le mendiant à entrer dans les Hôpitaux Généraux, il doit devenir possible de faire le tri entre les bons et les mauvais, ceux qui méritent des secours et ceux qui ne les méritent pas. On s'éloigne de plus en plus de l'image du mendiant sacré personnifiant le Christ. Le pauvre est suspect; il faut le soustraire à la vue des autres.*

*Au XVIII^e^ siècle, la législation se durcit. C'est une véritable prise en main venant de l'Etat, à l'échelle du Royaume tout entier. En 1700, le mendiant récidiviste doit être envoyé aux galères; en 1706, le Roi ordonne qu'il soit jugé sans appel par la juridiction des prévôts des maréchaux, ce qui le soustrait à la justice ordinaire. En même temps, on cherche à donner du travail à ceux qui ont la possibilité physique d'en exercer un. En juillet 1724, un texte important organise à la fois l'assistance et la répression. Ceux qui mendient en groupes, simulent maladies ou blessures, sont envoyés immédiatement aux galères pour cinq ans. Dans les grandes villes, le lieutenant général de police ordonne les arrestations et reçoit régulièrement les registres d'entrées aux Hôpitaux.*

*En 1764, une nouvelle déclaration vient s'ajouter aux autres : elle vise à mieux contrôler tous ceux qui ont cessé le travail depuis six mois; ils iront immédiatement aux galères en cas de mendicité ou de vagabondage, s'ils sont valides toutefois. Pour élargir l' «accueil» des memdiants, s'ouvrent des dépôts de mendicité où l'on peut être enfermé sans jugement, sur simple mesure administrative émanée du lieutenant général de police. A Paris, les archers de l'hôpital sont spécialement chargés des besognes d'arrestation. On procède par rafles successives. Pour cela, il suffit que le lieutenant général, lui-même rappelé à l'ordre par un commis de l'Etat, attire l'attention de ses commissaires sur le désordre provoqué par une mendicité trop visible. Une fois arrêté, le mendiant doit décliner son nom, son âge et son occupation. Il revendique presque toujours un métier, faisant valoir que son manque de travail est provisoire. Cette précaution ne suffit pas à amadouer le commissaire : la cessation du travail est mal tolérée. Pierre Benoît interrogé par le juge présidial pour fait de mendicité n'échappera pas à la prison; pourtant il revendique de menues activités :*

Interrogatoire du 20 janvier 1758 Pierre Benoît, 23 ans, natif des îles Saint Domingue, demeurant chez un logeur rue Dauphine, soldat dans le régiment de Saxe, actuellement sans condition, et gagne-deniers.

(...) a dit qu'il y a un an au carême qu'il est à Paris et fait des commissions de côté et d'autre.

Arrêté rue Mauconseil, envoyé à la Prison du Petit Châtelet *(Y 9514).*

*Après l'interrogatoire devant le commissaire, les mendiants restent 24 ou 48 heures en prison : s'ils sont réclamés par des* personnes de bonnes mœurs, *ils sont immédiatement relaxés; sinon — et c'est le cas le plus fréquent — ils sont conduits au dépôt de Saint-Denis ou autre. Les conditions de l'enfermement ne sont guère enviables. Elles se prolongent souvent longtemps. Les femmes surtout, qui ne partent pas aux galères, et qui ont eu le tort de simuler une maladie ou une grossesse pour mendier impunément. Cela arrive souvent; en cas de détresse la femme accentue volontairement l'image traditionnelle de sa fragilité pour obtenir pitié et secours.*

Lundi 8 juin 1772. Commissaire Roch Delaporte. Le sergent de la garde, de poste à Saint Jacques l'hôpital, a dit que depuis environ 2 heures il y avait rue Saint-Denis près son corps de garde une femme mal vêtue, paraissant enceinte, assise à terre, se plaignant comme quelqu'un qui se trouve mal, que d'abord il l'a secourue, que voyant qu'elle ne revenait pas et craignant qu'elle ne fut sérieusement malade, il a envoyé chercher les chirurgiens, qu'on n'a pu en trouver, que tous les passants s'arrêtaient, que plusieurs lui ont donné de l'eau de vie, de l'eau de mélisse et autres et lui donnaient de l'argent; que dans le nombre des passants il s'est trouvé plusieurs chirurgiens qui ont tâté le pouls de cette femme et ont trouvé qu'il était bon, qu'alors il s'est méfié que c'était une supercherie de la part de cette femme, qu'étant emmenée à la porte de notre hôtel il est tombé à terre de dessous le jupon de cette femme une terrine jaune qui s'est cassée en quatre morceaux, au moyen de quoi cette femme ne paraissait plus enceinte.

Interrogatoire du mercredi 10 juin 1772 de Catherine Defert, 33 ans, native de Corbeil, revendeuse sans occupation, femme délaissée depuis deux ans de Nicolas

Tousselot, maître bonnetier, rue des Ménétriers, et écrouée à la prison du Petit Châtelet comme mendiante, contrefaisant la femme enceinte et sur la résistance par elle faite de marcher nous l'avons fait conduire par cocher.

(...) à elle demandé pourquoi elle ne demeure pas avec son mari (..), a dit que c'est parce qu'il s'est enfui avec une fille et qu'elle ne l'a plus revue depuis environ deux ans.

(...) à elle demandé si elle n'a pas caché une terrine pour contrefaire l'enceinte (..), a répondu que non, qu'elle ne l'avait point sur son ventre et qu'elle craindrait trop, pour une pareille imposture, d'attirer la colère de Dieu *(Y 9514).*

*Ce n'est que trois mois après que Catherine Defert sera libérée : la simulation aura été sévèrement réprimée.*

**La chasse aux pauvres**

*Les arrestations sont presque toujours mouvementées : il est sûr d'abord que les archers de l'hôpital et les soldats du guet mènent bon train la chasse aux mendiants.*

Interrogatoire de Tienot le 30 août 1754, gagne-deniers de 58 ans, natif de Mesnil St Denis.

(..) a dit que c'est vrai qu'il a demandé l'aumône parce qu'ayant été malade et n'ayant pas de quoi y vivre, il a cherché à demander sa vie.

(..) à lui demandé s'il n'a pas crié au voleur (...), a dit qu'il a dit une parole et qu'il n'était pas en état d'en dire davantage étant malade, dit de plus que les archers l'ont maltraité et lui ont cassé la tête.

Tenu de vider la ville dans les 24 heures à peine du fouet.

Jugement du 14 novembre 1754 *(Y 9514).*

*Cette sévérité s'appuie sans conteste sur les ordres qui sont donnés. Voici d'ailleurs ce que disait, au XVIII<sup>e</sup> siècle, le magistrat Séguier dans une admonestation au Parlement de Paris :*

Les sages mesures du gouvernement ont diminué le nombre de ces vampires du peuple et de la société. On a pourvu à tout ce que ces fainéants par état et par profession peuvent demander. (...) qu'il nous soit permis de représenter à la cour qu'il est possible que l'amour de l'humanité, et même qu'un excès de charité fassent souvent envisager les maux comme plus fâcheux qu'ils ne sont en eux-mêmes. Une juste sévérité contre les mendiants qui trouvent une subsistance assurée dans la pitié du peuple peut seule arrêter le désordre; et le moindre relâchement ramènerait dans les villes et dans les campagnes une multitude de vagabonds contre lesquels on a employé jusqu'ici des remèdes insuffisants : et à cet égard il n'est personne qui ne se rappelle les inconvénients résultés de la facilité qu'on a eue de relâcher les mendiants il y a quelques années [45].

*Ce que ne dit pas Séguier, c'est que* les sages mesures du gouvernement *prises pour faire arrêter les mendiants* fainéants *s'opposent la plupart du temps à des réactions violentes des gens de la rue* [46].

25 février 1749. Gabriel Lacroix, 60 ans, brigadier des archers de l'hôpital, dépose que le 14 février dans la matinée, passant avec sa brigade sur le quai des Augustins, menant un mendiant qu'il avait arrêté sur le quai de Conti, la populace et des garçons rôtisseurs les ont insultés, criés après eux, les ont poursuivis à coups de pierre et de bâtons qu'ils ont jetés après eux de façon qu'ils ont été obligés de rabattre par la rue des Augustins et de gagner le long de la rue St André des Arts toujours suivis et insultés de cette même populace jus-

qu'au coin de la rue Git le Cœur, a appris des archers de sa brigade qui tenaient le mendiant qu'ils avaient été obligés de le lâcher par les insultes de cette même populace et d'autres gens du voisinage qui s'en sont aussi mêlés, qu'ils sont tous entrés dans la maison de Mr Poget notre confrère pour se soustraire à la dite populace.

14 février 1756. (...) Claude Roué, brigadier des archers de l'hôpital 39 ans, dépose que le 15 janvier passant rue Mazarine avec sa brigade et conduisant un mendiant ils avaient été assaillis par une quantité d'écoliers qui les avaient poursuivis à coups de pierres et de morceaux de bois et le nommé Granger brigadier a été blessé à la tête et qu'un particulier vêtu d'une redingote et que nous avons su être Taillot percepteur dans une pension rue Mazarine s'est emparé d'un des archers.

Pierre Rigolet, archer de l'hôpital, dépose qu'il a entendu une fruitière dire par 3 fois : tuez-moi ces bougres-là en montrant lui déposant qui tenait le dit mendiant et sa brigade *(Y 9515).*

*Ces véritables émotions populaires qui ponctuent les interventions des archers de l'hôpital dévoilent un certain nombre de solidarités. Petits apprentis, garçons de boutique accompagnés parfois de leur maître s'amassent au moment des arrestations et tentent de délivrer le mendiant en pourchassant, voire en harcelant, les archers. Sensibles à leur propre fragilité, qui pourrait les mener eux aussi à la mendicité, ils sont surtout ouvertement hostiles aux formes arbitraires de répression de la misère. Hostiles à considérer les mendiants comme hors de leur monde. Demander l'aumône est encore un geste naturel et nécessaire au XVIIIe siècle; il ne choque pas les habitudes culturelles. L'archer qui soustrait le pauvre au monde de la rue obéit à la logique dominante qui constitue des exclus pour assainir l'espace. En mai 1784, une ordonnance de Police, qui concerne la circulation de la Place Royale, montre bien comment sont considérés les gagne-deniers et les gens sans aveu, cette fois ouver-*

*tement assimilés en une même masse de réprouvés. Assimilés aussi aux chevaux et aux mulets...*

Ordonnance concernant la Police de l'intérieur de la Place Royale, 21 mai 1784.

Très expresses inhibitions et défenses sont faites, ouï et ce requérant le Procureur du Roi et de la ville, à toutes personnes de quelque état et condition qu'elles soient, de faire entrer et mener dans l'intérieur de la Place Royale de cette ville, aucuns chevaux, mulets, bestes ovines et bestiaux quelconques de passer de pied et traverser sur les gazons de la dite Place, et d'y jouer à aucuns jeux quelconques (...); il est même défendu aux porteurs d'eau, portes-faix et autres gagne-deniers d'y entrer et la traverser le tout sous peine de 50 livres d'amende contre chacun des contrevenants et pour chaque contravention payables sans déport et de plus grandes peines en cas de récidive. Comme aussi à tous vagabonds et gens sans aveu, de s'y introduire et attrouper, sous tel prétexte que ce puisse être, à peine de prison et de punition exemplaire [47].

# 3

## Le contrôle de la rue

*La rue fait peur, de nos jours encore. En elle se conjuguent les images de la misère et du danger social. Les historiens les ont longtemps privilégiées. Les sources les y poussaient d'ailleurs, qui sont plus attentives aux désordres et aux menaces de la foule qu'à l'exubérance créatrice de la vie dans la rue. Rares sont ceux — Michelet, Zola — qui ont su sortir de ce schéma précaire qui ne met en scène la misère que pour justifier un contrôle social qui prend tantôt la forme de la surveillance, tantôt celle, complémentaire, du projet philanthropique.*

*Les archives des commissaires de police, leurs carnets, leurs correspondances volumineuses, leurs notes personnelles permettent de réfléchir autrement sur le couple répression-assistance, et d'entrevoir la complexité des rapports que les responsables de l'ordre entretiennent avec le peuple. Le travail quotidien des commissaires fait paraître les préoccupations essentielles de ceux qui doivent maintenir l'ordre public, et comment, tout au long du XVIIIe siècle, les conditions de travail de la police se sont peu à peu transformées. Surtout, ces sources de la pratique laissent entrevoir toute une gamme de relations sociales sur quoi les documents sont, d'habitude, peu bavards : celles qui unissent et confrontent à la fois les hommes de l'ordre et le public. A travers les comptes rendus et les notes (toujours lacunaires, souvent décousues) se profile le contenu de la demande populaire à l'égard du commissaire. Elle est loin d'être simple. Que vient-on lui demander jour après jour, et quels rôles est-il amené à assumer ordinairement? Il faudrait une étude très fine pour mieux comprendre le réseau de relations que chacun des 48 com-*

*missaires parisiens tisse, à sa manière, avec les gens de son quartier. Il faudrait détailler les sentiments du peuple devant le commissaire et déceler l'ambiguïté de leurs rapports, faits contradictoirement de peur, de mépris, de besoin et de soutien, voire de complémentarité dans certains cas. Derrière l'image immédiatement répressive de la police se cachent d'autres rôles, d'autres modes d'intervention ou de protection. Tous ces visages différents, parfois contradictoires, d'un même personnage sont très révélateurs de la complexité du tissu social de la rue parisienne.*

**Les progrès de l'ordre**

*Dans la première moitié du XVIIIᵉ siècle, existe tout ensemble à Paris une géographie stable de la contrainte avec ses pôles négatifs — les octrois et les barrières, les lieux interdits, les fermetures obligatoires des cabarets —, et une répression mobile : la garde et le guet, la patrouille et ses arrestations brutales perçues comme arbitraires. La police est visible, elle exécute des ordres, mène en prison de pauvres diables rabroués lors de ses promenades dans les ruelles. C'est à la fois trop et trop peu. Car cette police exécutive ne suffit pas : la rue protège les délinquants et l'opacité du tissu urbain est telle que, contre eux, le guet reste impuissant. Et la foule, mobile et changeante, de Paris échappe pour l'essentiel à son contrôle. Mais les tâches de la police ne s'arrêtent pas à la répression ponctuelle. Un mémoire de 1770 énumère les domaines qui sont de son ressort :* 1. la religion; 2. les mœurs; 3. les livres; 4. la santé; 5. la sûreté; 6. la voirie; 7. les sciences et arts libéraux; 8. le commerce et les arts mécaniques; 9. les manouvriers, serviteurs et domestiques; 10. la police des pauvres [1].

*Définition large, on le voit, et qui correspond à une conception non limitative de l'ordre social et de son maintien. Sur tous ces domaines, édits et ordonnances accompagnées de réglementations tombent avec une étonnante régularité : textes répétitifs, en grande part inappliqués — faute sans doute de pouvoir l'être efficacement. De fait, la police ne parvient pas réellement à s'approprier l'espace urbain.*

*A mesure que l'on avance dans le XVIII<sup>e</sup> siècle, et plus particulièrement dans la seconde moitié, apparaissent toutes autres sortes d'interventions. Des discours nouveaux se font jour et trouvent écho auprès des élites : ils viennent de médecins, de juristes, d'architectes, d'entrepreneurs des manufactures. Tous s'accordent à souhaiter une réelle prise en charge de la population en fonction d'une préoccupation nouvelle : la population doit être soumise et réglée pour devenir productive. On abandonne une morale sociale de l'assistance pour se préoccuper de l'ordre et de la santé des peuples. Dès lors, on réfléchit de toutes parts sur l'espace urbain et sur son organisation. Sur la rue et ses mouvements en tous sens se profile le projet d'une planification qui la quadrillera pour l'assainir, qui voudra faire éclater la foule en individus séparés dans un espace neutralisé. Révolution fondamentale : elle n'en est alors qu'à ses débuts, mais elle se lit clairement dans le discours des responsables et des élites. En un sens, la police va céder du terrain à d'autres institutions qui ont l'avantage d'être à la fois plus efficaces et plus anonymes. On peut s'en prendre — parfois — aux commissaires, aux soldats, ou aux archers de l'hôpital; qui s'en prendrait aux hygiénistes et aux médecins, tout emplis d'idées de progrès et d'efficacité productrice?*

*Avec la notion de progrès s'insinue le souci d'une nouvelle surveillance. Elle n'aura plus grand-chose à voir avec celle des patrouilles du guet. On éclairera les rues, on achèvera d'inscrire sur la pierre des maisons le nom de chaque ruelle, on numérotera chaque bâtisse, on se repérera enfin dans la ville. Et si les hommes et les femmes de la rue restent mobiles (au XIX<sup>e</sup> siècle la mobilité de la population s'accroît encore), il s'agira de contrôler leurs mouvements. Viendra le moment où le* *siècle ne pourra plus supporter le désordre et les déplacements sans but.*

*Le témoignage des commissaires est ici complexe. Sans doute leur pratique n'est-elle plus tout à fait après 1760 ce qu'elle était en 1720. Ils restent certes attachés à la définition traditionnelle de leur rôle, d'abord parce qu'ils répondent à une demande sociale qui n'a pas disparu. Mais le commissaire de police, personnage familier de la rue, est aussi un personnage qui a peur de n'être pas assez efficace aux yeux de ses supérieurs : entre le pouvoir, dont il tient ses fonctions, et la foule, il est un rouage ambigu du fonctionnement social où se mêlent étrangement les aptitudes d'homme privé prêt à sécuriser et à conseiller, et des fonctions d'homme d'appareil qui accroît son pouvoir répressif en améliorant sa surveillance de l'espace. Il manifeste, à son insu, les déplacements d'un projet social : c'est dans cette perspective qu'il faut lire et analyser les comptes rendus de son travail. De toute façon il est au premier plan dans la vie populaire, car dans la rue il est le plus visible et le plus craint. Il est, parmi ceux de la rue, le seul homme de pouvoir auquel tous ont, ou auront, inévitablement accès un jour.*

## I

## L'institution policière

*Plutôt que de s'attarder au détail minutieux de ses innombrables fonctions, il vaut mieux dire d'emblée que la police doit veiller à tout, informer sur tout, et réprimer tout ce qui menace l'ordre, la sécurité et la tranquillité de la ville.*

La fameuse police de Paris, tant admirée, qui sait tout comme Dieu *(Michelet), porte l'immense responsabilité de tenir la ville de Paris à la fois calme et saine. Le* Traité de la Police *de Delamare, source extraordinaire pour qui veut entendre le discours de l'ordre et de la répression, témoigne dans ses onze rubriques et ses quatre volumes de la tâche immense qui lui a été assignée et qu'elle tente d'assumer au jour le jour. C'est d'ailleurs une tâche relativement nouvelle puisque ses fonctions ont été explicitement définies par Louis XIV dans un édit de 1667, et séparées alors de l'exercice de la Justice civile et criminelle.*

*Depuis lors, les tâches de la police englobent la réglementation économique telle que la circulation des marchandises et les obligations des gens de métier, le respect de l'ordre et la chasse aux mendiants et aux vagabonds, l'emprisonnement des criminels, et le respect des règles d'hygiène, le ravitaillement de la ville et la propreté des rues. Ce travail d'ordre et de sécurité doit s'effectuer sur la société en place. A aucun moment, il n'a été question de modifier l'organisation ou les hiérarchies sociales en place. L'édit de Louis XIV est net à ce sujet.*

La police consiste à assurer le repos du public et des particuliers, à purger la ville de ce qui peut causer du désordre, à procurer l'abondance et à faire vivre chacun selon sa condition et son état [2].

*L'ordre social ne doit en aucun cas être bouleversé : les conditions et les états peuvent être assistés ou protégés selon les événements, ils n'ont pas à être transformés. Au XIXe siècle les philanthropes eux-mêmes n'iront guère plus loin dans leurs perspectives.*

### Être partout

*Le rêve de la police, comme sa fonction, est d'être présente partout, d'imposer sa présence à chaque détour de rue, d'être visible dans tous les conflits et d'assurer visiblement la sécurité et l'hygiène de chacun. Le champ de ses activités est si vaste, l'espace urbain si embrouillé et confus qu'il lui faudrait être partout à la fois. La correspondance entre le lieutenant général, les inspecteurs et les commissaires de la police est à cet égard révélatrice : des notes ou des règlements s'accumulent sur toutes sortes de sujets hétéroclites rattachés de près ou de loin à la tranquillité publique sur la voirie. Il n'est que de prendre au hasard dans l'office d'un des commissaires les minutes-lettres concernant la police, pour s'en convaincre* [3].

Monsieur le Commissaire

Monsieur le Lieutenant général de Police nous a écrit devant faire part que Monsieur le Duc d'Orléans qui ne veut pas que les gens qui ont l'honneur de porter sa livrée puissent en abuser pour commettre le moindre désordre, désire que lorsque le guet en arrêtera ils soient conduits chez les commissaires lesquels les envoyeront à l'hôtel de ses écuries où on leur ôtera la livrée afin qu'ensuite reconduits par le guet chez le même commissaire il soit par lui ordonné selon l'exigence des cas...

Comme nous entrons dans la saison pendant laquelle les constructeurs cessent et qu'il est essentiel de veiller à ce que la voie publique soit libre et débarrassée, les travaux cessants, vous êtes prié de vouloir bien de concert avec nos confrères distribués dans votre quartier faire des polices et ordonner aux entrepreneurs de faire rentrer s'il est possible dans les emplacements où ils travaillent les pierres qui leur restent, sinon de leur indiquer la manière dont ils doivent les arranger pour passer l'hiver de façon que la voie publique ne soit pas gênée.

*Du même encore :*

Tableaux et figures indécentes — L'indécence des tableaux et des figures qu'on expose habituellement Messieurs en vente dans les rues et dans les boutiques de Paris ne peut qu'augmenter la corruption des mœurs et il est intéressant d'arrêter le progrès d'un parail abus...

Ils voudront bien constater les contraventions et m'en faire rapport sinon audience en la Chambre de Police.

J'apprends, Messieurs, qu'il se vend encore à Paris des badines à l'anglaise nommées communément assommoirs. Ce sont des espèces de petits jouets dont la pomme est de plomb ficelée. Je vous prie de vouloir bien recommander à Messieurs vos confrères d'entrer en faisant leur police chez les marchands et autres qu'ils pourront soupçonner de vendre ou fabriquer ces sortes de cannes, de saisir toutes celles qu'ils pourront trouver et de m'en rendre compte sur le champ.

Je reçois tous les jours des représentations Messieurs de la part de malheureux qui demandent la permission de courir les rues pour acheter et revendre du vieux et le temps est bien dur pour les empêcher. Je suis en conséquence décidé à admettre tous ceux qui se présenteront d'ici au 1er janvier. Je vous prie d'en prévenir Messieurs vos confrères.

Décence dans les églises. L'ordonnance défend entre autres de paraître en veste, tabliers ou papillottes mais vous jugerez sans doute que cet article demande en partie à être interprété suivant les circonstances et les qualités des personnes. On ne peut pas exiger par exemple d'un homme du bas peuple, tel qu'un portefaix, porteur d'eau, commissionnaire ou autres gens de cette espèce, d'aller en habit à l'église, puisque souvent ils n'en ont pas. Je m'en rapporte à votre discernement à l'égard des papillottes, tabliers ou peignes. Il ne faut pas absolument les tolérer.

Monsieur le Lieutenant général de police me charge de vous inviter dans le cas où vous aurez avis d'un placard ou de quelque écriture avec de la craye sur les murs de faire enlever les placards et les lui envoyer, de faire effacer les écritures après en avoir pris copie que vous lui enverrez pareillement, le tout sans dresser procès-verbal.

*Les interventions de la police sont innombrables. Elles touchent à tous ces détails de la vie quotidienne avec une minutie déconcertante. S'il est vrai que la réglementation est pléthorique et répétitive — c'est d'ailleurs ce qui permet de mettre en doute son efficacité —, il faut en même temps reconnaître qu'elle s'insinue dans presque toutes les articulations visibles de la société. Cette mitraille d'édits, d'ordonnances et de lettres de magistrat représente un appareil d'une excessive lourdeur, aux voies hiérarchiques bien précises depuis le règne de Louis XIV.*

**Le lieutenant général de police**

*Créé par l'édit du 15 mars 1667, le lieutenant général de police détient ses pouvoirs du Parlement. Seul responsable devant le Roi, le lieutenant est à la tête de ce corps autonome qu'est la police. Magistrat unique aux pouvoirs multiples, il est à la fois magistrat et administrateur. Le personnage hybride, aux pouvoirs immenses, commande la politique des commissaires de police sur lesquels il a toute autorité.*

*En tant que magistrat, il dispose d'un tribunal au Châtelet : la Chambre de Police. Il y siège deux fois par semaine, les mardis et vendredis. En ce qui concerne la police ordinaire, il est assurément le seul juge, mais dès qu'il s'agit de justice criminelle, sa compétence se heurte à celle du lieutenant criminel avec lequel il est en conflit permanent. Il est certain qu'au XVIII<sup>e</sup> siècle la police criminelle est un ensemble aux limites confuses où les compétences respectives des deux magistrats sont assez mal réglées.*

*En tant que commissaire du Roi, il assume une fonction comparable à celle des intendants; il est d'ailleurs issu du corps des maîtres des requêtes, ou des conseillers d'Etat. Aussi se rend-il chaque dimanche à Versailles : comme courtisan, il se doit de satisfaire le Roi. Il lui faut aussi tout savoir de la ville de Paris et être présent partout. Sa compétence est si large qu'il est le seul à pouvoir user des « ordres du Roi », c'est-à-dire des lettres de cachet, si redoutées du public. Pour tout mener à bien, il dispose évidemment d'un imposant appareil policier composé d'inspecteurs, de commissaires, d'archers de l'hôpital et d'exempts. Machine qui n'a pas toujours la souplesse attendue.*

*Les rapports du lieutenant général de police avec le Parlement sont toujours très tendus; le Parlement tient à tout prix à exercer un contrôle vigilant sur ses activités. Or le magistrat met tout en œuvre pour tourner le contrôle, et ce avec l'appui du Roi. A titre de juridiction d'appel, le Parlement doit connaître des jugements rendus par le lieutenant général de police à son tribunal du Châtelet; mais l'édit de 1667 prévoit en même temps que les sentences qu'il rend contre les vagabonds et les gens sans aveu seront sans appel. Dans ce registre — finalement très vaste —, le Roi lui délègue tout pouvoir. Ordinairement, le lieutenant se doit de rendre compte au Parlement, et ce dernier ne se fait pas faute de lui envoyer de violentes semonces : ce sont les mercuriales, intéressantes à parcourir pour comprendre les enjeux politiques sous-jacents au travail de la police.*

*Personnage très important, le lieutenant général ne vit pas dans la rue, tant s'en faut. Il vit à la cour, de la cour, isolé du monde. Sa culture et son éducation sont celles des hauts fonctionnaires et des magistrats du Parlement de Paris*[4]*. Persuadé qu'il représente l'opinion de Paris et celle de la France, il confond privilèges et bien public et sa justice a déjà quelque chose d'anachronique.*

Un Lieutenant de police est devenu un ministre important, quoiqu'il n'en porte pas le nom; il a une influence secrète et prodigieuse; il sait tant de choses qu'il peut faire beaucoup de bien, parce qu'il a en mains une multitude de fils qu'il peut embrouiller ou débrouiller à son grè : il frappe ou il sauve, il répand les ténèbres ou la lumière; son autorité est aussi délicate qu'ordinaire (...) il s'occupe encore à dérober à la justice ordinaire une foule de jeunes gens de famille, qui, dans l'effervescence des passions, font des vols, des escroqueries ou des bassesses; il les enlève à la flétrissure publique [5].

**A la base :
le commissaire**

Ils sont les yeux des Magistrats : *cette définition donnée par Delamare dans son* Traité [6] *se suffit presque à elle-même. Elle exprime à merveille le travail de fouine du commissaire, qui doit surveiller sans cesse ce qui se passe autour de lui et poursuivre de son œil justicier tout ce qui tente de se dérober à l'ordre ou à la sécurité. S'il est l'œil du magistrat, il n'a guère d'autonomie vis-à-vis de lui. D'ailleurs personne ne s'y trompe : mal aimé du peuple, il n'est pas toujours apprécié du lieutenant général de police qui lui reproche son manque de zèle. Sa part est peu confortable : confronté à la rue il doit rendre des comptes à un supérieur peu enclin à la bienveillance. Louis-Sébastien Mercier le sait bien, qui dit des commissaires qu'*ils marchent *entre le lieutenant de police qui les réprimande vertement et le peuple qui crie* [7].

*Les tâches sont à la fois immenses et très variées, le pouvoir sur la rue est énorme. Dans le quartier qu'il surveille, il peut exercer une autorité quasi universelle. Chacun des vingt quartiers de Paris possède deux commissaires. Obligés de résider dans le quartier où ils ont autorité, ils sont directement au fait de la rue et de ses rumeurs. Leur activité est en fait très inégale, sans que leur implantation géographique puisse l'expliquer suffisamment. Dans presque chaque quartier, un des commissaires se détache nettement; pres-*

*que toutes les affaires passent par lui, alors que n'apparaît quasiment jamais la signature de l'autre.*

*Malgré l'obligation de résidence et le partage géographique de l'espace, les délimitations d'activités ne sont en aucun cas précises. Il n'est pas rare de voir des plaignants déposer une seconde fois chez un commissaire autre que celui de leur ressort, ou que celui auprès duquel ils sont venus porter plainte une première fois. Des réputations de toutes sortes suivent et précèdent chaque commissaire. Le public connaît finalement bien les représentants de l'ordre, il les utilise donc au mieux.*

*Les activités des commissaires touchent autant au domaine civil qu'au domaine criminel. Leur autorité est donc considérable. C'est encore Delamare qui résume le mieux les innombrables charges du commissaire.*

Leurs fonctions consistent sur cela à visiter leurs quartiers et quelquefois les quartiers les uns des autres, selon qu'ils s'y distribuent en leur chambre, recevoir des plaintes, des avis ou dénonciations, dresser des procès-verbaux, donner leurs ordonnances; faire assigner, souvent même à l'égard des lieux de débauche, faire emprisonner et ensuite rapporter les contraventions aux Audiences de Police, pour y être pourvu par le Magistrat (...)

Mais sans avoir besoin d'autres preuves, la seule expérience de ce qui se passe tous les jours sous nos yeux, nous découvre assez quels sont les devoirs que les commissaires ont à remplir; que rien ne se passe qui puisse troubler la tranquillité publique, qui ne soit de leur compétence [8].

*Le travail est immense, à peine à la mesure d'un homme, fût-il accompagné d'excellents auxiliaires. Mais la charge de commissaire demande en outre un ensemble de qualités personnelles que tous, bien évidemment, ne possèdent pas. Mercier exprime ce sentiment, il explicite en même temps l'idéologie de leur fonction :*

Il est peu d'état qui demande autant de justesse dans l'esprit, autant de modération (...) Après avoir fait tomber leur rigueur sur le petit peuple sans protecteur, ils semblent avoir un peu trop de respect pour tout ce qui se tient aux grands et aux riches [9].

*Les commissaires sont propriétaires de leur charge. On estime à peu près à 40 000 livres le montant de leur office pour un revenu moyen de 1 600 livres par an* [10]*. Il en faut moitié moins pour devenir conseiller au Parlement, mais un conseiller n'a que des charges, tandis qu'un commissaire a des profits. Leur traitement régulier passe pour tout à fait insuffisant* [11]*, surtout par rapport à l'étendue de leurs fonctions. Mais il ne faut pas oublier qu'outre leurs gages ils touchent (au milieu du XVIII*e *siècle) 3 livres pour chaque plainte de batterie, de dispute et de vol. Par ailleurs le tiers des amendes qu'ils imposent leur est abandonné. Ce qui pose évidemment bien des problèmes quant à leur impartialité, ou plutôt quant à leur simple honnêteté. A tout cela s'ajoutent les cadeaux fréquents, à la limite de la corruption, ainsi que des droits lucratifs traditionnels, assez importants, et quelques droits honorifiques.*

**Les inspecteurs**

*Le commissaire doit s'assurer la collaboration d'auxiliaires. C'est pour cette raison qu'ont été créés les inspecteurs de police; à eux de se déplacer dans les lieux réputés suspects ou louches et d'informer le commissaire sur tout événement troublant ou délictueux. Au nombre de 20 — un par quartier — en 1770 (mais leur nombre varie plusieurs fois pendant le siècle), les inspecteurs de police sont chargés d'observer, d'examiner tout ce qui se passe dans Paris, de le dénoncer aux commissaires. Ils s'intéressent à la population non stable.*

Ils doivent se transporter journellement, chacun dans l'étendue de son quartier, dans les auberges, hôtels et maisons garnies pour savoir ceux qui y sont logés, prendre sur les registres que tiennent les aubergistes et logeurs les noms de ceux qui sont nouvellement logés dans ces maisons ou qui en sont sortis et envoyer aussitôt l'état au magistrat [12].

*Mais ils veulent tout savoir sur tous, dans les maisons, dans les foyers. Leur connaissance des familles est devenue telle à une certaine époque que les inspecteurs de police se sont pris à leur propre jeu, encouragés en cela par les ministres du Roi et par le Roi lui-même. Les rapports des inspecteurs sont inscrits sur des registres qui, après un certain temps, passent des bureaux de la police au dépôt des papiers secrets de la Bastille. Est surtout fort réputé le Journal des inspecteurs de Monsieur de Sartine, écrit entre 1761 et 1764* [13]*, qui raconte par le menu les anecdotes galantes de Paris. Lues en présence du Roi, ces histoires, dit-on, le distrayaient; inutile de dire qu'elles servaient aussi à la surveillance de ses sujets.*

*(15 janvier 1762).* Monsieur le duc de Grammont est infatigable dans les combats amoureux, car malgré ses exploits avec les demoiselles Dupont, Bellemot et Wolf, dimanche dernier, au bal de l'Opéra, il poursuivait vivement la demoiselle Leroux, demeurant rue du Bouilloir chez le tonnelier et parvint enfin à s'en aller avec elle, dans son carosse. Je les fis suivre : il la conduisit chez elle et y passa le reste de la nuit; cette demoiselle est d'une jolie figure, et a vécu fort longtemps avec un genevois qui commerçait à Paris des montres de son pays et dont elle a conservé le nom; elle est originaire de Lyon, fille d'un ouvrier en soie nommé Laroche.

*(25 octobre 1767).* « Je ne sais, Monsieur, si vous êtes instruit de l'aventure du sieur de Poinsinet avec la demoiselle du Brieulle, chanteuse à l'Opéra; mais dans le cas où vous l'ignoreriez, je vais vous la dire (...) Cette princesse a accordé ses faveurs à ce petit singe, et un soir qu'il est revenu chez elle, saoûl comme une grive, il l'a enfilée : comme la demoiselle ne veut pas avoir d'enfants, elle avait pris la précaution de mettre au fond une petite éponge qu'elle attachait avec un bout de faveur. Poinsinet, à qui les fumées du vin et la force de son amour rendaient les mouvements plus énergiques, a bourré l'éponge et toute la faveur si avant que le doigt n'était plus suffisant pour les ravoir, et après d'inutiles efforts, la princesse imagina d'employer son compas à friser. Il s'est encore trouvé trop court. Heureusement que l'ingénieux Poinsinet a pris les pincettes, et avec le secours des badines, il a d'abord retiré le bout de faveur et repêché l'éponge [14].

*Histoires galantes, histoires d'alcôves, mais aussi secrets de famille et surveillance des faits et gestes quotidiens, aliments pour d'éventuels chantages : les inspecteurs espionnent et mouchardent, remuent les vices, s'allient aux uns pour en perdre d'autres, transportent les bruits du monde.*

**La garde et le guet**

*En dehors de ces auxiliaires souvent invisibles, existe une police visible, active, mobile, qui prête main-forte en cas d'arrestations ou d'attroupements, et qui patrouille régulièrement dans les rues de Paris pour en assurer la tranquillité. Bien connus du peuple, les soldats de la garde et du guet sont aussi redoutés que raillés et abreuvés de quolibets ou de défis.*

*Ils se partagent entre deux camps différents. La compagnie du guet* [15] *compte 139 hommes (dont 100 à pied); elle assure les emprisonnements et assiste aux exécutions. La garde de Paris est beaucoup plus nombreuse et compte près de 900 hommes : elle a pour charge la garde des remparts et des ports et la surveillance des quartiers de Paris. En 1691 est promulgué un arrêt de règlement pour le guet et la sûreté de Paris pendant la nuit.*

... les officiers et archers du guet arrêteront ceux qui auront commis quelques crimes ou qui feront quelque désordre durant la nuit, qu'ils les conduiront dans les prisons du Grand Châtelet sans les pouvoir mener en aucune maison particulière. (...) Seront tenus faire et signer les rapports des dites captures dans l'instant qu'elles auront été faites ou au moins tous les matins avant huit heures et d'y marquer les crimes et les désordres dont ils auront eu connaissance durant la nuit, et à cette fin le Registre du guet demeurera pendant la nuit dans les Prisons et dans le greffe du Châtelet pendant le jour.

S'il se commet des meurtres ou autres affaires graves, il faut faire avertir dans l'instant le commissaire dans le quartier duquel les crimes ont été commis, même de conduire les accusés dans la maison du commissaire afin qu'il les interroge [16].

*Les registres du guet et de la garde, tenus au jour le jour, sont une source étonnante. A travers eux transparaissent en particulier les dénonciations faites par les particuliers pour de petits délits qui n'ont pas assez d'importance pour être dénoncés en forme. Quand on ne porte pas plainte officiellement, on passe devant le commissaire, ou bien on prévient le guet. On porte alors plainte un peu comme on vient demander un conseil ou grogner contre le dernier coup du sort.*

*Avec les commissaires, les soldats de la garde et du guet sont les institutions d'autorité les plus accessibles au public qui nourrit à leur égard des sentiments ambigus : entre la crainte et l'attente d'une protection.*

## II

### L'ordre difficile

Au reste, c'est un terrible et difficile emploi, que contenir tant d'hommes livrés à la disette, tandis qu'ils voient les autres nager dans l'abondance; de contraindre, dis-je, autour de nos palais, de nos demeures brillantes, tant de malheureux pâles et défaits, qui ressemblent à des spectres, tandis que l'or, l'argent, les diamants remplissent l'intérieur de ces mêmes demeures, et qu'ils sont violemment tentés d'y porter la main pour apaiser le besoin qui les tue [17].

*Mercier, en même temps ajoute :*

... On fera seulement la remarque qu'il n'y a guère de pendus que dans la classe de la populace : le voleur de la lie du peuple, sans famille, sans appui, sans protection, excite d'autant moins la pitié qu'on s'est montré indulgent pour d'autres.

*Si la justice choisit malgré tout ses proies, en ne pourchassant guère ceux que la fortune favorise, a-t-elle au moins une efficacité? Le nombre des ordonnances, des arrêts, des édits et des règlements qui se succèdent pendant tout le XVIII$^e$ siècle est tel qu'il en fait douter. La résistance opiniâtre du peuple aux nouvelles réglementations est d'ailleurs un leit-motiv des chroniqueurs du temps. Les ordonnances ne peuvent répondre à la complexité des tâches requises. La correspondance privée entre commissaires de police ou entre les commissaires et le lieutenant général le dit amplement et avoue parfois l'impossibilité d'exercer pouvoir ou répression.*

*Bien sûr une fois le coupable accusé, repéré, arrêté, la répression s'enfle d'autant plus qu'elle s'exerce sur quelqu'un de démuni. Une inefficacité certaine, mal pal-*

*liée par une répression arbitraire, voilà sans doute une des caractéristiques les plus importantes de l'appareil policier parisien du XVIIIe siècle.*

**Entre le peuple et la loi**

*Les textes qui lui attribuent de lourdes tâches, le lieutenant général qui lui donne des ordres, le peuple qui a peur de lui, tout contribue à figer le commissaire de police dans un rôle immuable. Pourtant les carnets des commissaires et quelques témoignages contemporains peuvent remettre en cause ces stéréotypes. Le commissaire de police apparaît alors comme un personnage complexe; écartelé, on l'a dit, entre « le peuple qui crie » et le lieutenant qui ordonne, il est encore un homme de son quartier, aussi accessible à l'ambition et à la corruption qu'à l'injustice et à la paresse, aussi sollicité pour protéger que pour punir. C'est une figure ambiguë. Les textes normatifs oublient souvent les rapports subtils tissés entre l'homme de la rue et le représentant de l'ordre public.*

*Perméables aux idées de son époque, le commissaire prend aussi conscience de son inefficacité. Sa correspondance avec le lieutenant général témoigne aussi des changements de la pratique et des nouvelles orientations d'une police toujours débordée. Viendra le jour où l'on renoncera aux réglementations pour changer l'espace lui-même. En attendant, rouage sans grandeur d'un ordre difficile, le commissaire assume dans le désordre des fonctions décriées.*

*Et d'abord le commissaire n'est pas toujours aisé à trouver.*

*Leurs maisons doivent être ouvertes jour et nuit, comme un port et un* refuge [18], *stipule le* Traité de Police *de Delamare. Ce ne semble pas toujours être le cas, loin de là. Les plaintes elles-mêmes portent souvent mention de ces absences; les plaignants les plus pressés s'adressent alors au commissaire d'un autre quartier. Quant aux soldats du guet, il leur arrive de promener leurs accusés de commissariat en commissariat avant de trouver un officier présent.*

21 février 1775. 6 heures de relevée, par devant nous commissaire Carlier, est comparu le sergent de garde de Paris, lequel nous a dit qu'aujourd'hui il a invité un menuisier à le suivre pour l'avoir insulté, pourquoy luy sergent l'a invité à venir chez M. Crespy commissaire où il allait faire son rapport, que le dit particulier a dit au comparant de s'en aller devant, qu'il allait les suivre et qu'effectivement luy comparant et l'escouade s'est mis en devoir d'y aller, mais voyant qu'il ne venait pas il est retourné au menuisier qui à la 3ᵉ fois les a suivi et ont rencontré rue St Nicolas un sergent lui ayant dit que Mr Crespy n'y était pas il fallait aller chez un autre, qu'en conséquence il l'a arrêté et amené à notre hôtel *(Y 9826).*

*Il n'y a guère de doute les commissaires ne sont pas toujours à leur poste. Une lettre écrite par l'un d'entre eux — sans doute Hildebrandt — à ses confrères vient confirmer les faits. L'absentéisme est trop fréquent, et déconsidère l'ensemble des commissaires. Sans doute plus diligent que les autres, ou bénéficiant d'une certaine préséance sur eux, l'auteur tente de raisonner ses collègues :*

9 février 1764. Nous croyons devoir vous donner avis qu'ayant été mandés chez Monsieur le Lieutenant général de police où se sont trouvés Messieurs le Lieutenant criminel et Procureur du Royaume, les magistrats nous ont fait les plaintes les plus vives de ce que plusieurs de nos confrères ne se trouvaient jamais chez eux de jour et de nuit et refusaient de recevoir le guet, d'aller au feu et de prêter leur ministère dans des cas intéressant le bon ordre et la sûreté en faisant dire (...) qu'ils n'y étaient point; ils ont

ajouté que dernièrement le guet avait été chez sept ou huit commissaires sans avoir pu ou se faire entendre ou trouver les commissaires et que deux des Messieurs les conseillers au Parlement se sont trouvés dans ce cas. Vous sentez combien de pareilles plaintes sont mortifiantes *(Y 13728).*

*Douze ans plus tard, en 1776, la situation n'est guère meilleure; le lieutenant général de police admoneste encore le peu de zèle de ses subordonnés. C'est toujours la crainte de l'attroupement et du désordre qui commande la réprimande :*

Je vois, Messieurs, par les rapports de la garde, que les fêtes et dimanches elle est souvent obligée d'aller chez plusieurs de Messieurs vos confrères avant que de trouver un de ceux qui sont distribués pour rester chez eux. Il est désagréable pour les personnes arrêtées de se voir conduire longtemps dans les rues, il s'amasse beaucoup plus de monde et pendant que la garde est en course, elle ne fait pas les rondes qui lui sont prescrites et la sûreté publique peut en souffrir. Pour éviter ces inconvénients, il me paraît nécessaire de remettre au commandant de la garde un double de l'état de service que vous faites passer tous les trois mois à chaque commissaire *(Y 13728).*

*Il y a en fait plusieurs raisons à cet absentéisme. Il arrive que le commissaire craigne fort les huées du public — souvent en butte au mépris et même aux outrages, il n'aime pas se montrer publiquement, et fait répondre par ses clercs qu'on aille plus loin trouver quelqu'un d'autre, plus valeureux ou mieux aimé que lui. Car le peuple, sensible à l'injustice jusqu'à l'exacerbation, connaît bien ses commissaires, et les honore à la mesure de leur réputation. Certains préfèrent donc se cacher ou jouer l'absence plutôt que d'affronter la colère populaire. Le lieutenant général de police sait bien que ceux-ci ne feront régulière-*

*ment leur travail que s'ils sont assurés de n'être pas importunés par le public.*

Un des commissaires du Châtelet qui a pour son département le faubourg Saint Germain, a été insulté dans sa propre maison, à deux heures après minuit, par des particuliers qui furent arrêtés sur le champ par la fidélité du peuple. Mais quoiqu'ils soient prisonniers depuis plus de douze jours, j'apprends que l'on met tout en usage pour assoupir cette affaire qui est de la dernière importance pour la sûreté publique (...) car si vous n'avez la bonté d'employer votre autorité, je crains bien que cette action ne demeure impunie. Et si cela est j'ose vous assurer que la plupart de nos commissaires s'en feront un prétexte pour ne plus répondre aux cris des passants, et pour rendre leurs maisons inaccessibles aux plaintes pendant la nuit [19].

*Mais tout cet enchaînement de protection et d'hostilité constitue en fait un cercle vicieux : le public conspue son commissaire mal aimé, celui-ci se porte absent quand on a besoin de lui, le soulèvement menace dès qu'on est obligé de chercher le commissaire. On doit alors châtier le public, ce qui le rend plus nerveux encore et n'assainit pas l'atmosphère. En fait, le point de départ de tout ce remuement tient à l'attitude du commissaire, et c'est sans doute l'un des aspects du désordre les plus difficiles à résoudre.*

### L'argent et la corruption

*La peur de la foule n'est pas seule à expliquer l'absentéisme des commissaires : s'y ajoute la paresse ou le désintérêt pour une charge qu'on estime insuffi-*

*samment gratifiante. Un lieutenant général de police, par exemple, se plaint fort de constater qu'ils ne font pas souvent les perquisitions commandées, sous prétexte qu'elles ne sont pas rémunérées. La correspondance des commissaires abonde en notations concernant leurs taxes insuffisantes et leurs honoraires déficients. Leur réticence à obéir, leur volonté de se soustraire à une partie de leurs responsabilités viennent de cette insatisfaction profonde. Elle explique aussi qu'ils puissent être, dans certains cas, vulnérables à la corruption.*

*Des perquisitions ne se font pas, des ordres ne sont pas accomplis faute d'argent, et fréquemment des commissaires réclament des taxes plus importantes sur l'accomplissement de leurs actes — on sait qu'un tiers des amendes qu'ils distribuent leur reviennent. Il leur arrive même de s'indigner de ce que les taxes données aux témoins lors de leur comparution dans les plaintes, les informations ou les confrontations sont trop élevées par rapport aux leurs. Voici pour exemple les tarifs usuels du greffe du Châtelet en 1764 :*

Taxe des témoins suivant l'ancien usage du greffe du Châtelet :

| | | |
|---|---|---|
| aux lieutenants du guet | 4 livres | |
| aux exempts | 4 livres | |
| au brigadier du guet à cheval | 4 livres | |
| au sous-brigadier | 3 livres | |
| au cavalier | 2 livres | |
| au sergent major du guet | 3 livres | |
| au sergent aide major | 2 livres | |
| au sergent | 1 livre | 10 sols |
| aux caporaux | 1 livre | 5 sols |
| aux soldats du guet | 1 livre | |
| aux commandants de maréchaussée de l'Ile de France résidant hors Paris | 12 livres | |

| | |
|---|---|
| aux cavaliers de la maréchaussée | 6 livres |
| aux inspecteurs de police | 3 livres |
| à leurs commis | 2 livres |
| aux travaillants à la police | 1 livre |
| aux femmes aussi travaillant à la police | 1 livre |
| aux exempts de robe courte | 3 livres |
| aux gardes de robe courte | 2 livres |
| aux archers de robe courte | 2 livres |
| aux médecins du Châtelet pour leurs vacations hors des dégustations de poisons | 12 livres |
| aux experts écrivains | 6 livres |
| aux interprêtes par vocation | 12 livres |
| aux témoins bourgeois ou autres | 1 livre |
| aux témoins venant de la campagne | 1 livre |

*(Y 13728).*

*Le désordre financier règne largement dans les affaires de police. Sans même parler de prévarications, les gens de police semblent beaucoup trop enclins à multiplier les actes et les perquisitions lorsqu'ils ont en mains une affaire judiciaire ou criminelle. A chaque procès-verbal tombent des émoluments pour les commissaires et les inspecteurs. Les archives se gonflent d'actes inutiles payés par les demandeurs, particuliers souvent sans ressources.*

Etat des vacations et honoraires dus à Mr le commissaire Fontaine par la communauté des marchands fripiers pour raison des procès-verbaux qu'il a dressés lorsqu'il a accompagné les syndics et jurés de cette communauté dans les différentes saisies qu'ils ont faites depuis le 22 mars 1775 jusqu'au 10 février 1776.

*Suit une liste de 20 procès-verbaux dont voici un extrait :*

| | |
|---|---|
| — procès-verbal des rues auquel il a été employé 4 vacations | 36 livres |
| — expédition d'icelui et droit du clerc et du papier | 18 livres |
| — Total des 20 procès-verbaux | 748 livres |
| | *(Y 13163).* |

*Que dire de l'empressement des commissaires à apposer en hâte des scellés, uniquement pour en obtenir la taxe. Ainsi dans les papiers personnels du commissaire Ninnin :*

... L'empressement de quelques-uns des commissaires pour se procurer des appositions de scellés après les décès par des sollicitations et autres voies indignes de leur caractère, a toujours été l'un des principaux obstacles à l'union et discipline de leur compagnie; il a été arrêté qu'à l'avenir aucun commissaire ne se présentera pour faire un scellé que la personne ne soit décédée et qu'il n'en soit requis par l'héritier (...) S'il est entré avant le décès il sera privé de l'émolument du scellé *(Y 15114).*

*D'un côté, trop d'actes inutiles et coûteux accompagnent de simples plaintes; de l'autre bien des actes nécessaires à la sûreté publique sont négligés faute de finances. La situation est chaotique, et dangereuse. Le lieutenant général de police Lenoir en est conscient. Il tente d'assainir la situation en fixant les émoluments et en spécifiant les tâches des officiers, tout ensemble pour moraliser le fonctionnement de la police et pour en simplifier les procédures :*

En formant cet état de distribution j'ai aussi eu pour but de rendre plus simples et moins compliquées les procédures criminelles. Les premiers actes en cette matière appartenant à votre ministère quand ils sont multipliés sans nécessité, il en résulte une confusion qui d'un côté peut nuire aux preuves qui doivent être claires et évidentes contre les coupables et d'un autre côté chargent le domaine soit par l'audition de témoins inutiles, soit par l'expédition des grosses et des frais à charge aux finances du Roi. Il m'est parvenu à ce sujet des plaintes des magistrats du Parlement et du Châtelet, plusieurs procès ont été trouvés chargés de procès-verbaux de perquisitions, de reconnaissance et d'actes surabondants qui sont souvent inutiles quand les dépositions de l'information peuvent suffire.

Je vous engage donc à simplifier vos opérations en matière criminelle (...) vous voudrez bien vous abstenir d'entendre dorénavant en déposition les officiers archers soldats du guet et de la garde lorsque leur témoignage ne pourra porter que sur la capture du délinquant (...) Je désire que les délits qui doivent être moins regardés comme délits publics que comme délits privés tels que l'infidélité ces faits de débauche ordinaires ne soient pas traités avec le même éclat et la même rigueur que les crimes qui intéressent le bon ordre et la société *(Y 13163).*

*Dans ce désordre, il y a place pour les abus et la corruption. Personne d'ailleurs n'est dupe de cette situation. Commissaires, inspecteurs auxiliaires s'achètent plus ou moins; et s'ils ne s'achètent point ouvertement, ils abusent de leurs pouvoirs pour toutes sortes d'émoluments, dont l'origine n'est pas toujours claire. A ce sujet bien des pamphlets courent clandestinement, souvent percutants :*

Mais un commissaire n'est pas
Homme à tirer quelqu'un de peine
Sans ce que l'on nomme l'étrenne
Aussi donne-t-il l'ordre au guet
De les mener au Châtelet [20].

*Intéressés financièrement à la mise en détention des particuliers, inspecteurs ou commissaires emprisonnent sans vergogne, abusant de leurs pouvoirs et guidés par l'appât du gain. Bien sûr, ces emprisonnements ne touchent que le petit peuple.*

Les inspecteurs de police qui occasionnent un grand nombre de détentions (car ils y sont intéressés) ne devraient être qu'investigateurs des délits et capteurs; mais, faute d'une procédure exacte, ils deviennent juges pour ainsi dire, puisque c'est sur leur simple déposition que l'on établit la preuve et la punition du délit. Or, comme ces inspecteurs frappent le plus souvent sur la portion du peuple qui n'a ni voix, ni défense, ni réclamation, et qu'ils sont intéressés à trouver des coupables, il est aisé d'imaginer ce que l'erreur peut produire d'attentatoire à la rigide équité [21].

*Bien sûr, il peut se faire que des commissaires soient inquiétés en cas d'escroqueries trop voyantes, mais ce n'est pas chose courante. Pour en arriver là, il faut que le commissaire ne soit protégé d'aucune manière : trop mal aimé du public, ou trop visiblement escroc, ou trop gênant pour le pouvoir. Si, par hasard, le Roi protège le commissaire, personne ne peut rien contre lui, quand bien même il se montre insubordonné aux ordres du lieutenant général de police. Témoin cette note de René d'Argenson* [22] *:*

Le commissaire Labbé se pique depuis si longtemps de ne pas déférer à mes ordres... que j'évite de m'adresser à lui autant que je puis. Il se croit en devoir de faire emprisonner de son autorité tous ceux qui contreviennent aux règlements de la police mais il ne juge pas à propos de reconnaître en moi le même pouvoir, et je tâche de suppléer à son indocilité en m'adressant à d'autres officiers moins capricieux (...)

Quand le Roi jugera qu'il est du bien de son service de le réprimer (...) il sera facile de le reléguer pour deux ou trois mois à 60 ou 80 lieues de Paris.

*En 1750, les abus policiers atteignent des proportions incroyables, et Paris tout entier se soulève; partout éclatent séditions et émotions populaires. Il faut bien dire que l'enjeu est de taille : chaque jour disparaissent des enfants, enlevés dans les rues de Paris, fils de pauvres et fils de bourgeois. L'horreur est à son comble, et la colère se porte immédiatement contre le lieutenant général de police, soupçonné d'infamie et d'être l'instigateur de ce fléau. Les enlèvements d'enfants devront cesser, et le lieutenant sera relevé de sa fonction.*

26 mai 1750. On mande de Paris, que depuis mon départ, il y a eu de fréquentes révoltes et surtout le 23 de ce mois où il y en a eu jusqu'à quatre dans le même jour et cela pour des enfants qu'on arrête; on n'y comprend rien.

Les archers de Paris préposés aux pauvres, et qu'on nomme archers de l'écuelle, ont arrêté des petits gueux, puis se méprenant à la mine ou affectant de s'y méprendre, ils ont arrêté des enfants de bourgeois, ce qui a commencé les premières révoltes; on a tué dans cette journée 4 à 8 de ces archers.

27 mai 1750. Le peuple s'imagine toujours que les exempts enlèvent des enfants, et il se monte des séditions aux quatre coins et au milieu de Paris à la fois. On a poursuivi un exempt chez un commissaire, on l'a jeté par les fenêtres, on l'a repris et assommé à coups de pieds et de bâtons; on a mené le cadavre chez M. Berryer, lieutenant de police; on a cassé les vitres (...) Le guet a résisté comme il a pu.

29 mai 1750. Monsieur Berryer, lieutenant de police, s'est déshonoré du côté du cœur et de l'esprit dans tout ceci; il s'est trouvé fort haï du peuple, qu'il a toujours brutalisé. Les discours de la populace ne ten-

daient qu'à aller le massacrer à lui manger le cœur; on ne l'appelait que ce vilain Mr Beurrier. Il s'est sauvé de chez lui par la porte de derrière et s'est caché chez les Jacobins. Monsieur le premier Président l'a mandé en vain pour venir rendre compte au Parlement de tout ceci; il a dit qu'il ne pouvait traverser Paris, qu'il craignait pour sa personne.

7 juin 1750. La procédure va grand train contre les archers qui arrêtaient les enfants (...) On découvre qu'ils en arrêtaient sans ordre, et que c'était pour en tirer ensuite une rançon des père et mère qui étaient de bons bourgeois (...) Mr Berryer est totalement discrédité de cette affaire là, et l'on parle déjà de lui donner un successeur.

*L'affaire de 1750 est exceptionnelle. Mais la rumeur est toujours prête à naître.*

19 mars 1754. L'on m'assure qu'il n'y a point de nuit où l'on n'enlève de pauvres bourgeois, ceux qui n'ont point de famille et que l'on craindrait qu'ils ne contribuassent à quelque sédition dans ce temps-ci; on les mène, dit-on, hors de Paris et l'on ne sait ce qu'ils deviennent ensuite, l'on dit que les commissaires en font des procès-verbaux, et que, de deux nuits l'une, ils sont obligés de veiller pour cela, que les gens du guet marchent toute la nuit déguisés en bourgeois et guettent ceux que l'on prend pour les faire passer de poste en poste [23].

*En ces moments d'exaspération collective, la sensibilité populaire se fait menaçante. On va jusqu'à l'exaction et au meurtre. Souvenir des abus quotidiens : l'émeute qu'il ressent jour après jour s'abat comme une gifle. Le lieutenant de police doit se cacher pour éviter la rue. Il ne répond même plus aux ordres du Parlement qui lui ordonne de comparaître. Pour châtier les mutins, il faut déployer une force dont les autorités ne sont même pas sûres. Paris semble alors une plate-forme en état de siège.*

**Juge ou pacificateur?**

Si un accident arrive, si une injure est proférée, une violence, un vol, un larcin, un homicide, un meurtre, un sacrilège, enfin que quelques fautes ou quelques crimes soient commis; la première pensée qui tombe dans l'esprit et le premier remède qu'on met en usage, c'est d'avoir recours à un commissaire (...) que les différents même qui naissent dans les familles entre les personnes les plus proches; ceux qui arrivent entre des voisins, ou gens de même profession, sont encore portés tous les jours devant eux, et qu'ils en sont ou les premiers juges pour les instructions, ou le plus souvent les pacificateurs [24].

*Juge ou pacificateur, ces deux termes laissent au commissaire la possibilité de choisir entre un grand nombre d'attitudes dont il est en définitive le seul maître. C'est là que les sources surprennent et étonnent, bouleversant peu ou prou les schémas bien construits. Le commissaire, image classique de la répression, prend soudain de nouveaux traits. A travers les petits incidents de la rue se dessine une nouvelle silhouette. Le commissaire entre de plain-pied dans la vie des gens sur leur demande ou contre leur gré, mais avec une habituelle assurance qui fait de lui un homme à qui tous les secrets sont finalement confiés. Il pénètre un espace important, le domaine privé, intime, des gens du peuple. Au-delà de la répression il cherche à assurer la sécurité des individus isolément, ce qui doit en définitive permettre un meilleur contrôle des tensions sociales. La sécurité du pouvoir passe par la sécurité des individus. L'Etat se prévient ainsi d'être englouti par la masse des pauvres, dont la délinquance et l'émotivité fluctuent au rythme de la peur et de la faim.*

*Si la pratique quotidienne du commissaire a quelque chose d'apparemment ambigu, il faut en chercher la signification plus loin et comprendre à quel point les aspects inattendus de son travail répondent en cette fin de siècle à un besoin nouveau. On se préoccupe désormais de séparer les individus, de désintégrer les conglomérats de population si dangereux pour la société. Le commissaire conjure tout ensemble les périls de façon traditionnellement répressive et arbitraire, et de façon protectrice et conseillère comme l'ami du peuple qu'il n'est pas. Deux attitudes dont l'unité se comprendra encore mieux, lorsque, dans la seconde moitié du siècle, surgissent d'autres formes d'appropriation et d'individualisme, correspondant à d'autres formes de domination sociale.*

**Une justice expéditive**

*Si l'on regarde de près les plaintes officielles portées devant le commissaire, celles qui ont pour but d'aboutir à une sentence à la suite de la procédure habituelle d'information, d'interrogatoire et de confrontations, on s'aperçoit que, dans certains cas, l'emprisonnement est rapidement décidé par le commissaire à la faveur d'un des « attendus » dont il a le privilège. Il suffit parfois que l'accusé ramené par le guet ou empoigné par la victime ait* l'air insolent, *ou semble* mauvais sujet *pour que s'ensuive l'emprisonnement immédiat, au Petit ou au Grand Châtelet. On savait déjà que la justice d'Ancien Régime pouvait être rapide et défavorable pour ceux qui ne méritent jamais le regard des grands, mais les « attendus » ont ici une réalité officielle. Ils font partie de la structure même du processus justicier du commissaire de police, et cela change tout.' Le commissaire est normalement habilité à mettre en prison un homme dont la mine lui paraît suspecte. C'est cette légitimité de l'arbitraire qu'il est important de souligner.*

*Le 31 janvier 1775, une rixe éclate à une heure du*

*matin à la porte St Jacques, et plusieurs particuliers sont arrêtés à la réquisition d'un cocher et d'un postillon. Ainsi comparaissent devant le commissaire Roland Claude Antoine, compagnon menuisier, âgé de 25 ans, natif de Lunéville en Lorraine, demeurant à Paris rue des Sept Voies; Joseph Simon Senton compagnon imprimeur, 36 ans, natif de Marly, demeurant rue du Fg St Jacques; François Mercier, maître relieur, 26 ans, natif de Paris demeurant rue du Mont, paroisse St Hilaire. Après interrogatoire le commissaire conclut :*

Attendu que le dit Mercier nous a paru blessé, et sa déclaration porte qu'il a reçu des coups de manche de fouet nous l'avons renvoyé à se pourvoir; à l'égard des dits Antoine, de Senton, nous ayant paru être agresseurs violents et suspects vue l'heure indue, ils sont restés pour être remis à la prison du Grand Châtelet *(Y 9825).*

*Le maître relieur aurait-il droit à plus d'égards que les compagnons? Ce n'est pas impossible.*

*Rue des Grands Degrés, le 4 juin 1775, plusieurs particuliers en battent un autre. L'escouade du guet se rend sur place et arrête deux hommes : Martin Daincart, 30 ans, natif de Bayonne, et tailleur de pierre demeurant à Epinay, Louis Perschal, 18 ans, natif de Châtellerault, compagnon serrurier, demeurant à Paris rue Boutebrie :* attendu qu'ils nous ont paru être mauvais sujets, et que d'ailleurs ils ont bu, *les deux suspects sont envoyés à la prison du Grand Châtelet. L'affaire est close (Y 9829).*

Le 2 août 1775 nous a été amené un particulier nègre arrêté rue des deux Ecus à la réquisition d'une particulière qui a dit que ce nègre l'avait insulté et maltraité chez elle. Françoise Madeleine Lazare, fille demeurante rue d'Orléans, maison d'un épicier, laquelle nous a rendu plainte contre le particulier arrêté et dit qu'étant aujourd'hui à dîner chez elle avec Catherine Lazare sa sœur, ce particulier qui vit avec la nommée Renaud couturière à qui la dite sœur a donné une robe à faire et avec laquelle elle est en contestation relativement à 3 aulnes d'étoffe qui se trouvent gâtées, le dit particulier est venu chez elle et y a fait tapage et un bacanal affreux (...).

Jean-Baptiste Renaud, nègre, montrant à faire des armes, demeurant rue d'Orléans dit qu'il n'a porté aucun coup (...), et comme il nous a été affirmé qu'il n'est point marié avec la dite Renaud, qu'il nous a paru violent et insolent, il a été demandé qu'il soit envoyé à la prison du Grand Châtelet *(Y 9831).*

*Ce sont aussi les circonstances qui guident les décisions des commissaires; en période de trouble, le moindre incident est gravement puni. Il faut mettre en prison pour montrer l'exemple et pour intimider la population. Ce n'est guère le moment de perdre du temps à chercher des preuves. L'urgence des temps commande; le désordre ambiant autorise qu'on enferme toute personne suspecte d'accroître les troubles. Mais même en période de calme relatif, le commissaire supporte mal le tapage et l'attroupement. L'idéal — et par conséquent l'objectif — est d'agir très vite. A cela il n'y a besoin d'aucune autre justification.*

A la clameur publique, le sergent s'est transporté sur le pont de la Tournelle où il a trouvé un particulier et une particulière décroteurs, pris de vin, maltraitant la veuve d'un nommé Potel aussi décroteur (...) attendu que comme l'un et l'autre étaient pris de vin au point de ne pouvoir s'expliquer sur le dit rapport, que d'ailleurs il est arrivé maintes fois de pareilles scènes occasionnées par Bréant et sa femme dans leur ivresse, nous nous sommes déterminé pour l'exemple et faire en sorte de maintenir le bon ordre sur le pont parmi les gagne deniers de les envoyer à la prison de Grand Châtelet *(Y 9830).*

*Charles Gesnetat, 32 ans, natif de Besançon porteur, logé à l'hôtel de la rue St Honoré est arrêté pour violences dans la rue le 4 juillet 1775 (Y 9830). Il ne sait ce qu'on veut de lui et nie toute participation au chahut. Le commissaire expédie pourtant l'affaire en l'envoyant au Grand Châtelet :* attendu l'insulte faite et les coups de canne donnés, attendu que depuis quelques temps il est des gens dans Paris qui se croient tout permis et qui insultent indifféremment des passants et que les exemples ne sauraient être trop fréquents.

*Il n'est guère plus sûr d'exciter le voisinage ou d'ameuter la population. Un marchand batteur d'or, nommé Goix, fait arrêter un compagnon batteur d'or de 33 ans demeurant rue du Grenier-St-Lazare, Jean François Sagot. Ils se sont disputés pour raison d'affaire, Sagot étant accusé de venir chez lui débaucher ses ouvriers et préjudicier aux affaires de Goix. C'est le genre d'incidents qui provoque vite émois et réactions passionnelles. Sagot est envoyé lui aussi en prison.* Attendu qu'il nous a tenu des propos sans aucune suite, sans pouvoir s'excuser ni alléguer pour sa défense, étant pris de boisson et attendu le scandale, le tumulte excité dans le voisinage et la conduite *(Y 9830).*

*Les attendus tombent ainsi; aux formules laconiques succèdent d'autres formules laconiques où l'envie de convaincre est moins importante que le besoin d'exorciser au plus vite un semblant de danger qui passe.*

**La protection des femmes**

*Pourtant le commissaire, qu'il le veuille ou non, fait figure de père. Père craint, souvent haï, mais auquel on finit par se référer pour être reconnu. Dès lors sa fonction sociale et les aspects de son activité se diversifient à l'infini. Trois exemples pris parmi les innombrables demandes de solution de conflits répertoriées dans les carnets des commissaires vont aider à dessiner d'autres facettes de cette autorité.*

*La femme maltraitée, loin d'être méprisée ou négligée, trouve secours auprès du commissaire. Sa demande est tout de suite connue, dans la promiscuité de la rue. Un simple sermon fait au mari violent suffit parfois à rétablir provisoirement l'ordre dans le ménage. Si l'affaire est plus grave, ou s'il y a récidive, il faut recourir à l'arrestation et instruire le procès, même si la femme doit parfois recourir aux services d'un commissaire hors de son quartier pour que sa cause soit entendue et sa protection sûre. La violence qu'elle subit n'est pourtant pas au XVIII^e siècle objet de dérision ni perçue comme un avatar normal du mariage. Il faut le souligner : la femme n'est pas encore absente de la vie collective. Elle n'est pas encore figée dans le rôle social qui l'affectera au foyer ou, bientôt, à l'usine.*

Dimanche 22 janvier 1764 — midi. Hélène Le Guay, femme de P. Therot boulanger, demeurant faubourg Saint Martin chez Dumont limonadier, se plaint contre son mari, dit qu'il a ruiné son commerce, ne cesse de s'enivrer et de la maltraiter, aujourd'hui en est toute blessée au bras droit, sur la tête et tout le corps.

La plaignante était assise sur une chaise lorsque son mari est venu pour la maltraiter. Leur petite fille de 9 ans gagne 4 ou 5 sols par jour et les donne à son père qui la laisse sans bas ni souliers *(Y 13700).*

10 octobre 1769, Gabrielle Pillard, femme de Denis Portier, elle rubanière demeurant rue du Vertbois chez Fairet metteur en œuvre, contre Portier son mari, et a dit que depuis plus de douze ans qu'elle a eu le malheur d'épouser le dit Portier, il n'est sortes

de mauvais propos qu'il n'ait tenus contre elle, que son dérangement et sa mauvaise conduite l'a portée à contracter des dettes qu'elle a en partie payées, qu'il a toujours vécu dans le libertinage avec différentes femmes prostituées, qu'il a même maltraité en différentes occasions la particulière sans motif ni raison, qu'il est parti il y a 3 mois vivre à Versailles avec une prostituée, qu'elle a appris que son mari doit arriver demain et a même dit qu'à son arrivée il cassera bras et jambes à la particulière *(Y 13700)*.

Jeudi 24 août 1775, minuit, Marie Jeanne Desjardins, ouvrière en modes, étant pour rentrer dans sa maison elle a été insultée par le particulier, qu'ensuite il a voulu la faire marcher, que n'ayant pas voulu, il a tiré son sabre sur elle et lui a porté un violent coup sur le bras, qu'elle aurait été massacrée si la garde n'était survenue.

Claude Nadin 24 ans, dit qu'il n'a point frappé cette femme, il l'a seulement donné un coup de poing parce qu'elle ne voulait pas venir avec lui.

Envoyé au For l'Evêque *(Y 9832)*.

*Bien sûr, il y a des exceptions à cette prise en charge immédiate de la femme battue. Elles sont rares :*

Jeudi 6 juillet 1775. Est comparue Marie Laurence Marage, femme séparée de Nicolas Lelarge vigneron à Carrières en Champagne, demeurant rue du faubourg St Jacques, a déclaré qu'en 1771 elle a eu le malheur de faire connaissance avec le sieur Bordeau qui était sans fortune et seulement garçon traiteur, que se trouvant fatiguée par une maladie ordinaire des femmes, le dit Bordeau profita de cet instant critique pour la solliciter de l'épouser, qu'elle s'y refusa constamment et le dit Bordeau eut même l'impudence de faire annoncer leur futur mariage, qu'elle lui représenta qu'étant d'un âge avancé elle ne voulait pas épouser un jeune homme, et ensuite qu'elle n'était pas certaine de la mort de son mari, (...) qu'ils s'établirent rue de la Harpe, qu'elle meubla à son goût, qu'elle parvint à le marier, mais qu'il refusa au dernier moment, qu'après cet événement il changea beaucoup à son égard, la maltraita, avec des camarades ils la dépouillèrent et la massacrèrent, qu'ayant été chez le commissaire celui-ci l'a traitée de vieille sorcière (sans doute sur de faux rapports de Bordeau), qu'elle fut attachée et envoyée au Petit Châtelet *(Y 9830).*

*Mais à l'information les choses sont rétablies, tous les témoins (ils sont 14) déposant en faveur de la femme, Nicolas Bordeau sera donc arrêté sur ordre du commissaire Bourgeois.*

*Une certaine protection existe en cas de mauvais traitements. Mais, trois fois sur quatre, la femme dont le mari est en prison depuis peu porte une supplique au commissaire dans laquelle elle demande la mise en liberté de son mari et se désiste purement et simplement. Contrainte économique : elle ne peut vivre, avec ses enfants, sans le travail de son mari ou de son compagnon. Elle restera femme battue. Le siècle n'affranchit pas la femme économiquement, il lui faut un mari, un compagnon, ou un père.*

**Les aveux indiscrets**

*Dans la rue, tout se voit, et d'abord l'illégal et l'anormal. Paradoxalement, le plus simple paraît souvent d'aller se confier au commissaire. Les carnets sont remplis de ces aveux surprenants : femmes ou maris qui déclarent avoir quitté le foyer et donnent adresse de leur refuge, parents ayant trouvé un enfant à l'abandon et qui viennent signaler son adoption, concubins qui viennent de se mettre en ménage ou parfois même déclarent leur séparation après plusieurs années de vie commune...*

2 août 1763. 9 heures du soir, Madame Hériez est venue dire qu'elle a été renvoyée par son mari et qu'elle va entrer en maison.

4 janvier 1764. Le nommé Bardolle doit surprendre cette nuit sa femme avec le nommé Fleury dans la même chambre, il viendra chercher Monsieur le commissaire et paiera le transport *(Y 13700).*

29 février 1780. Lettre à monsieur le commissaire. Nous, Jean Javanel, domestique, et Anne Esfre, ma femme, blanchisseuse, demeurant rue du Colombier, sommes convenus de ce qui suit : savoir que moi Javanel, attendu que depuis huit ans environ je ne puis vivre en intelligence avec ma dite femme, je consens de la quitter dès aujourd'hui, et ne plus vivre avec elle de ma vie, ni la rechercher, ni inquiéter en telle manière que ce soit pourvu toutefois qu'elle soit de bonne vie et mœurs comme par le passé, en conséquence je lui abandonne de ce qui est dans notre chambre commune les effets qui suivent, deux chaises, un lit complet, quatre draps, un bas d'armoire, dix huit formes, un soufflet, un miroir, une demi-douzaine d'assiettes et une table,

et que moi femme Javanel consens aussi de me séparer à l'instant corps et biens d'avec mon dit mari et ce pour toute notre vie attendu abandon ci-dessus.

fait double entre nous à Paris.

3 février 1781. Louis Bonnera, maçon, et Marie-Louise Belanger, sa femme, demeurant ensemble rue des vieilles Tuileries maison du sieur Blanchet marchand de vin, sont convenus ensemble et devant nous se quitter volontairement et ne plus demeurer ensemble, leurs caractères ne pouvant sympathiser *(Y 13819).*

5 août 1778. 7 heures 30 du matin. Demoiselle Marie Louise Sirende, fille majeure, demeurante rue de Verneuil se plaint de la dureté et de l'ingratitude

du sieur Delamarche, coiffeur de femmes, avec lequel elle a été résidente pendant onze années avec lequel elle a eu 6 enfants dont un seul reste et qui est un garçon, lequel elle réclame pour qu'il n'aille pas aux Enfants Trouvés où elle craint qu'il ne l'envoie, demande dédommagement à la perte qu'il lui cause de sa réputation ne pouvant plus rester avec lui vu ses traitements durs et grossiers *(Y 13819).*

26 août 1766. 10 heures du soir. La dame Blavier est venue comme chargée de pouvoir de la dite Jolivet polisseuse qui se plaint contre le nommé Guillemet metteur en œuvres avec lequel elle a des habitudes depuis six ans, et ne prétend pas continuer à moins qu'il ne l'épouse *(Y 12702).*

1er août 1769. Marie Latoche, demeurante rue aux Jours, plaignante contre le grand compagnon argentier travaillant chez Restauret, rue St Martin vis à vis le cul de sac Clervaux, au sujet de ce que depuis sept ans elle a vécu avec Legrand, que depuis six semaines environ elle a discontinuée de vivre avec lui, lui a demandé son dû, composée d'une couchette à bas piliers, de deux matelas, deux traversins de coutil, 3 draps de grosse toile, une tapisserie en siamois à quadrille, une couverture de laine blanche, trois chaises, une table, une paire de boucles d'oreilles, 12 mouchoirs et 2 louis d'or, il refuse de lui remettre et la maltraite *(Y 13700).*

*On reste étonné devant de telles déclarations qui créent des situations pour le moins paradoxales. Pourquoi porter devant l'homme de l'ordre ces situations que la loi ne connaît pas? Se séparer à l'amiable devant un commissaire lorsqu'on est mari et femme : la démarche a-t-elle d'autre valeur que celle qu'on lui donne, et l'espoir que le commissaire ayant entendu la confidence, les conditions de la séparation seront respectées dans la clarté et l'honnêteté? Pourtant le divorce est interdit. Le concubinage, s'il ne constitue pas un délit dans la société d'Ancien Régime, reste pourtant illégal. Et on ne peut oublier que le seul fait de vivre en* mauvais commerce *est une circonstance aggravante en cas de délit.*

*Ces démarches, trop fréquentes pour ne pas être significatives, montrent assez combien le besoin d'être individuellement reconnu, fût-ce dans une situation illégale, renvoie à la crainte de tomber un jour sous le coup arbitraire de la justice. Venir se confier au commissaire, c'est se plier à « sa » loi et non pas à une loi qui n'existe pas. C'est lui reconnaître le droit de faire droit, dans la mesure même où l'on sait bien qu'il détient aussi le droit de mal utiliser la force légale ou d'en abuser. Aller au-devant de lui, c'est se prémunir contre lui.*

**Gérer l'illégalité**

*Ce mécanisme ambigu ne sort pas du système autoritaire traditionnel. Fondé sur la force du Roi, il cherche à fixer les rapports sociaux en étouffant les conflits et châtiant spectaculairement les déviances. Peu importe son efficacité réelle : il provoque une telle crainte qu'il aboutit en fin de compte à faire gérer au commissaire jusqu'à l'illégalité. Il peut adresser une demande en séparation de corps ou d'habitation. Avant d'être finalement examinée par le lieutenant civil, la demande donne lieu à une enquête dirigée par le commissaire de police. C'est lui qui, aidé de témoins, s'informe sur la situation et donne un premier avis circonstancié. Il prend parti sur la scène familiale, au nom de son autorité.*

Mardi 6 novembre 1781, demande en séparation de corps devant le commissaire Hugues. Est comparue demoiselle Louise Henriette Didier, épouse séparée de biens de Thomas Garnier architecte, demeurant rue de Montmorency, paroisse Saint Nicolas des Champs. Les excès, violences et l'inconduite de son mari sont portés à un degré tel qu'elle se voit aujourd'hui forcée de rendre plainte et qu'il lui est désormais impossible de vivre avec lui sans courir le plus grand risque pour ses jours. Sacrifiée à l'âge de 17 ans et unie avec un homme qui était alors presque sexagénaire, elle a supporté patiemment les effets de sa jalousie, enfermée quelquefois plusieurs jours consécutifs dans son appartement sans avoir la liberté ni d'en sortir ni de voir personne, toujours forcée de rester à ses côtés sans oser faire un pas sans sa permission, toujours traitée avec dureté, souvent menacée d'être frappée, elle a dévoré ses peines dans le silence, les a supporté sans en faire part à personne, ni lui donner le moindre sujet de mécontentement (...) Elle a pris le parti de demander en justice sa séparation de biens prononcée par sentence le 19 décembre 1780 et exécutée par procès-verbal du 19 janvier suivant.

Ainsi après avoir passé les 17 plus belles années de sa vie dans l'esclavage et dans la peine avec un mari âgé maintenant de plus de 73 ans, la plaignante s'est trouvée sans ressources (...) accoutumée pour ainsi dire au joug dur et sévère qu'il lui avait imposé dans l'âge où elle ne faisait que sortir de l'enfance, elle ne songeait point à se plaindre lorsque la scène horrible qu'elle a essuyée, la nuit affreuse qu'il lui a fait passer, l'ont forcée pour sauver ses jours de venir dans les bras de ses parents *(Y 11035).*

*Invitée à un mariage dans sa famille, elle a le tort de s'y rendre seule et de rentrer très tard au domicile conjugal, ce qui lui vaut des menaces de mort.*

Tout à coup le sieur Garnier sortit de son lit et apparut comme un spectre étincelant de fureur, l'accusant d'avoir accordé ses faveurs à celui qui la reconduisait, et il l'a menacée de la tuer avec des pincettes jusqu'à huit heures du matin.

*C'est cette nouvelle scène qui la décide à demander une séparation de corps au commissaire Hugues.*

3 juillet 1780. Est comparue Marie Anne Elizabeth Blacque épouse de Jean-Baptiste Joseph Mahy de Savonnière écuyer demeurant rue Notre Dame de Nazareth, paroisse St Nicolas des Champs, a rendu plainte contre son mari; depuis un ans qu'elle est mariée il ne lui a fait passer que des jours d'amertume et de douleurs, qu'il n'est sorti de mauvais propos, de duretés ou d'horreurs qu'il n'emploie journellement envers elle pour lui faire sentir le mépris le plus formel et inimitié la plus marquée, et que ce qui rend encore ces mauvais traitements plus douloureux est qu'ils ne paraissent provenir que des soins particuliers qu'elle donne à son ménage et de l'arrangement et de l'économie qu'elle y apporte, que son mari ajoute à ses mauvais propos des menaces de la faire renfermer dans un couvent, quoique sa conduite soit absolument irréprochable, ainsi qu'il est forcé lui-même de convenir, que huit jours après son mariage, il lui a fait éprouver le poids de l'autorité et lui imposant toujours le silence et lui défendant de donner des ordres dans son ménage, il ne cesse de la traiter de gueuse, de coquine, bougresse, garce, malheureuse, et cette expression est bien celle qui convient le mieux, menace de la renvoyer, il lui défend de sortir et de recevoir quiconque, l'enferme dans tous ses appartements avec seulement sa chemise, la tint une fois enfermée 5 à 6 jours sans aliments, et elle en instruisit le lieutenant civil, il lui répète qu'elle est l'horreur de la nature, le rebut du genre humain et une putain, et qu'il ne veut pas qu'elle ait aucun moment de tranquillité *(Y 11505).*

21 août 1780. Est comparue Marguerite Le Clerc, faiseuse de cartons, femme de Denis Gouffé ouvrier en papier peint, avec lequel elle demeure rue du faubourg Saint Jacques.

*Elle continue ses plaintes dont l'une est vraiment ancienne puisqu'elle date déjà du 17 octobre 1773.*

(...) dit que les sévices et mauvais traitements la forcent à se retirer d'avec lui; Gouffé l'ayant sollicitée de revenir lui promettant de changer de conduite, elle s'y est encore déterminée, mais s'étant aperçue qu'il était sujet à des frénésies dans lesquelles il recommençait à la maltraiter, les médecins ont attribué cette folie aux couleurs avec lesquels il travaille sur le papier, ce qui l'a déterminé à quitter cet état et à faire des cartons avec elle dans l'espérance que son esprit se tranquilliserait, qu'elle a la douleur d'être trompée dans cet espoir, et depuis dix-huit mois qu'il ne travaille plus aux couleurs il a toujours de mauvaises façons avec elle, aussitôt qu'il a bu un verre d'eau-de-vie, ce qui ne laisse pas lieu de douter qu'il y a de l'aliénation dans son esprit, qu'il est sorti il y a huit jours de la Charité où il était traité de la colique de plomb de laquelle il avait précédemment été traité, a voulu prendre l'air, est parti avec elle au Petit Gentilly où il a bu modérément, s'est assis et a dit vouloir boire du faubourg Saint Marceau et lui a porté plusieurs coups de canne sans égard pour sa grossesse de six mois, et à ce qu'elle tenait dans ses bras son enfant de 2 ans 1/2, auquel il fit une plaie au dessus de l'œil. Rentré chez eux, il l'enferma et l'accabla de coups dont elle répandit beaucoup de sang, avec meurtrissures aux reins et aux cuisses. Vives douleurs, perte de respiration; elle pense que sera sans doute prononcée la séparation d'habitation mais qu'elle est dans une position malheureuse, cette situation ne la mettra pas à l'abri, étant obligée de travailler pour vivre et lui la menaçant d'un coup de couteau si elle le quitte *(Y 11716).*

*Rares sont les hommes qui font de telles demandes. Voici pourtant une demande originale : Jean Fourmy garçon libraire, demeurant rue du Sépulcre, paroisse*

*St Sulpice, demande à la justice que lui soit gardée son autorité maritale tant qu'aucun jugement contraire n'est venu défaire son mariage. Sa femme lui refuse tout pouvoir chez lui et dans ses affaires, l'accusant d'impuissance. Avant le dénouement en justice de l'affaire, il tient à fonder ses droits :*

... A été très injustement et depuis peu attaqué par Marie Renard marchande de lingerie sa femme, pour prétendue impuissance au sujet de laquelle elle l'a traduit en l'officialité de cette ville dans la vue par ce motif quoique dénué de vérité, d'obtenir la cassation de son mariage avec le comparant, qui s'est tout aussitôt présenté en cette juridiction pour se défendre d'une aussi fausse accusation dont l'instance est actuellement pendante, quoique le comparant n'ait rien à redouter des imputations de sa femme et qu'il ait tout lieu d'être sûr d'en triompher. Il éprouve cependant de la part de sa femme et de leur fille de boutique Fétière des atteintes à son autorité, le comparant est forcé d'en recourir à justice pour en arrêter la continuation, que sa femme à raison de sa folle prétention s'est persuadée qu'elle s'est dégagée de tout lien avec son mari et qu'il ne doit avoir aucun droit dans sa maison et dans leur commerce (...) qu'elle a changé les dentelles de place et un jour qu'il voulait y toucher, la fille de boutique a crié en voulant appeler la police disant qu'il n'avait aucun droit en ces affaires.

En conséquence, nous nous sommes avec lui sur le champ transportés rue du Sépulcre et avons vu sa femme, elle a dit n'être pas sa femme et ne veut rien entendre, si ce n'est de le traiter avec égards et douceur jusqu'au jour du jugement qui interviendra entre eux *(Y 13780).*

**L'arbitraire familial**

*Les hommes en général utilisent un autre moyen lorsque leur situation conjugale ne convient ni à leur* *honneur, ni à leur bonheur. Là encore les commissaires de police jouent un rôle fondamental. Il s'agit des demandes — ou placets — d'enfermement de parents pour folie ou libertinage, demandes suivies d'une lettre de cachet. Les ordres du Roi, qu'on a longtemps cru destinés aux seuls grands nobles mal soumis à l'autorité royale, ont servi pendant tout le XVIII*e *siècle à suppléer l'autorité paternelle ou conjugale défaillante. Les textes sont très nombreux et laissent perplexes. Des maris qui font arrêter leur femme, des parents demandant la réclusion de leur fille de 12 ans, accusée de débauche, une demande d'enfermement à vie d'enfant de 32 ans pour libertinage : l'intrusion de l'appareil policier dans la vie familiale devient évidente, et les abus dont elle est porteuse.*

11 février 1767. Une particulière est arrêtée à la réquisition de son mari qui a dit s'appeler Jean-Baptiste Fayet, commis aux écritures sur les vaisseaux de la compagnie des Indes, demeurant rue du Bac chez un logeur, ayant d'abord voulu faire arrêter sa femme en raison de son libertinage, il a ensuite consenti de l'emmener avec lui et a reçu les excuses de sa femme, alors relaxée *(Y 13627).*

*Un couple de domestiques dénonce l'une de ses filles pour libertinage et pour vol, et justifie sa demande d'enfermement :*

[Ils] osent implorer votre bonté et votre autorité pour faire mettre à Sainte Pélagie, Victoire Pirouelle leur fille de 15 ans dont la conduite leur fait craindre qu'elle ne les déshonore à jamais. Madame Blandin sa marraine a eu la bonté de s'intéresser à lui faire apprendre à faire les modes; elle la plaça en janvier dernier chez la dite Bligny, marchande rue de Richelieu; au bout de quelques mois cette petite fille porta plainte à sa marraine qu'on l'accusait d'avoir pris un chiffon et la dite Bligny assura qu'elle était un fort mauvais sujet, nous savions bien qu'elle avait beaucoup de défauts de caractère, mais nous ne la soupçonnions pas de faire de tort à personne (...) Nous osons espérer, quoique nous soyons domestique, d'avoir égard à notre prière et nous mettre à lieu de conserver l'honneur que nous nous sommes acquis par une conduite et une probité irréprochables; nous sacrifierons encore pour cette malheureuse six mois de pension à Sainte Pélagie pour tâcher de la ramener à son devoir. Il nous reste encore, Monseigneur, deux filles; vous devez juger de notre position, mais il faut conserver sa réputation et n'avoir rien à se reprocher *(Y 13163).*

*Un exemple comparable, le 30 janvier 1778 :*

Placet de Guignot Etienne, gagne-deniers, et Jeanne Françoise Guillaume ma femme, demeurant rue de la Jussienne paroisse Saint Eustache, que le nommé Antoine, notre fils aîné de 22 ans, donne dans un libertinage outré, que depuis l'âge de 15 ans, nous l'avons placé dans différentes conditions, et qu'il s'est fait chasser de partout, et toujours par son inconduite et son libertinage (...) Nous vous supplions de le faire arrêter et enfermer dans les prisons du Châtelet jusqu'à ce qu'il soit forcé de s'engager dans les colonies étant jeune et de taille à faire un soldat.

Rapport sur le placet.

(...) que de toutes ses conditions, il s'est fait renvoyer honteusement par son libertinage et son inconduite, que de tous temps et dès son enfance il a pris tout ce qu'il a trouvé chez ses père et mère à qui il perd le respect et menace continuellement de les frapper (...) que cet enfant est incorrigible (...) ils constatent qu'ils sont hors d'état de payer pour cet enfant *(Y 13163).*

*Il n'y a pas d'âge pour ces demandes de détention, témoin la requête d'un septuagénaire contre sa fille veuve de 36 ans. Quelquefois les parents hésitent à demander l'enfermement ou même à rendre plainte. Ils s'en remettent alors complètement au commissaire, lui laissant tout pouvoir, lui aliénant ainsi leur autorité personnelle.*

*Après la demande des parents ou d'un des époux, après l'enquête du commissaire, le lieutenant général de police décide s'il autorise l'envoi de l'ordre d'emprisonnement par lettre royale. Le commissaire, qui constitue le dossier, a donc là encore un immense pouvoir. N'a-t-on pas vu des commissaires accusés d'avoir en mains des lettres de cachet en blanc? Le système est en place : la police ne bouscule pas encore l'ordre des choses, elle répond ponctuellement à ce qu'elle pense être le désordre. Les parents demandent l'intervention du pouvoir royal pour sanctionner des fautes privées qu'ils ne peuvent juguler eux-mêmes. Mais avec quelle efficacité? Ce n'est pas l'enfermement d'une libertine à la Salpêtrière qui fera baisser le taux d'illégitimité ou qui assainira l'espace opaque de la prostitution. Cette politique d'intervention ponctuelle ne veut que stabiliser les rapports sociaux. Si violente soit-elle, elle n'a aucune prise sur une réalité finalement plus forte qu'elle. Pourtant la seconde moitié du XVIII$^{e}$ siècle montre des signes évidents de changements.*

**Le temps des incertitudes**

*L'enfermement sur demande des parents ou des proches n'est pas exceptionnel, loin de là. A Bicêtre, en 1770, plus du tiers des détenus le sont dans ces conditions : hommes, femmes et adolescents à parts à peu près égales. C'est l'importance même du phénomène qui finit par faire problème aux responsables de l'ordre. Interrogation pratique qui vient recouper les préoccupations des milieux éclairés. Dès 1769, on s'inquiète de savoir si ces requêtes familiales ne servent pas davantage l'animosité et l'intérêt que la lutte contre le vice et la débauche. Le lieutenant général de police demande à ses inspecteurs d'être plus circonspects dans leurs enquêtes et minutieux dans l'interrogatoire des témoins.*

Les inspecteurs de police observeront exactement ce qui suit dans la vérification des faits portés dans les mémoires ou placets qui leur seront renvoyés.

1°) ils s'informeront de la conduite et de la réputation du plaignant, si l'animosité ou l'intérêt particulier n'a pas dicté le mémoire ou placet contenant plainte, s'il n'a pas été présenté par un étranger sous le nom d'un parent ou d'une personne connue.

2°) ils examineront scrupuleusement la conduite de celui contre lequel on se plaint, ses mœurs, ses liaisons, ses occupations s'il en a; en un mot tous les faits articulés et le tout à charge et à décharge.

3°) ils auront soin d'entendre les père et mère, les parents les plus proches tant paternels que maternels, ceux du côté du mari ou de la femme contre qui les plaintes sont dirigées et quelques voisins ou gens domiciliés dont le témoignage ne soit pas suspect et s'il n'y a aucun parent en faire mention et se contenter du témoignage des gens dignes de foi qui ont connaissance des faits (...)

4°) observer de faire attester par les parents qui ont signé les plaintes qu'il n'y en a pas d'autres plus proches qui puissent se plaindre de n'avoir pas été consultés *(Y 13728).*

*Sous ces recommandations la peur de voir la justice manquer son but est sensible. En suivant les requêtes des maris contre les femmes, des parents contre les enfants, ne favorise-t-on pas la licence et l'arbitraire, le désordre social? Ces demandes rédigées à la hâte par un écrivain public ne vont-elles pas contre la loi? Car la loi donne à chacun des conjoints le moyen de se défendre : la femme peut intenter des actions en séparation de biens et d'habitation; l'homme dispose de la plainte pour adultère, délit puni fort sévèrement. Les lettres du Roi peuvent apparaître comme un recours hors-la-loi, précédent fâcheux à une époque où les juristes, et la société tout entière, aspirent au règne enfin total du droit écrit de la loi respectée. La lettre de cachet ne saurait donc être qu'exceptionnelle. Mais il est nécessaire d'en limiter l'usage. Ici encore, le commissaire gère un pouvoir qui peut mettre en cause une certaine forme d'ordre public et la loi elle-même. C'est l'occasion de l'une des premières interrogations portées sur le fonctionnement de la justice.*

*Les arrestations d'enfants et de jeunes gens suscitent également un certain nombre de réticences qui vont croissant dans le dernier quart du siècle. Une double préoccupation, également neuve, se fait jour. La prison n'est-elle pas autant corruptrice qu'éducatrice? Et la famille ne doit-elle pas privilégier son propre système disciplinaire?*

Ayant été à portée de connaître combien il est dangereux d'employer envers les enfants non susceptibles de peines afflictives les moyens qui les confondent avec des gens plus avancés en âge et qui ne peuvent que leur donner des leçons et des exemples funestes, je crois devoir remplir un des premiers soins confiés à ma place en prenant les mesures capables de faire cesser un désordre qui a fait des progrès dans la capitale et dans la province.

Je n'ai que trop reconnu que les enfants dans les prisons avec des coupables de tout âge y ont été formés au crime et que dès lors ils n'ont plus fait par la suite que se livrer à toutes sortes d'excès, c'est ainsi que des sociétés de voleurs et de brigands se sont élevées au préjudice du bon ordre et de la tranquillité publique, j'estime donc que pour en arrêter le cours il faut donc éviter d'envoyer dans les prisons les enfants en bas âge et qu'il est plus convenable lorsqu'il ne s'agit pas d'un délit grave de les remettre à leurs parents que de les envoyer à l'école du vice (...)

Je me repose pareillement sur votre zèle pour veiller autant qu'il sera en vous et suivant que les circonstances exciteront votre vigilance, à ce que les parents apportent l'attention qu'ils doivent à la conduite de leurs enfants; il est des cas où il me semble que des père et mère doivent être regardés comme responsables de la mauvaise conduite d'un enfant qu'ils auront abandonné ou auquel ils auront refusé de rendre les soins qu'exigent le devoir et la nature; ces vues que je me suis proposé pourront à ce que j'espère être utiles à l'humanité et concourir à la sûreté, elles pourront être exécutées avec plus de succès si le gouvernement se porte à établir des travaux publics où les enfants hors du premier âge pourront être admis, seront formés de bonne heure au travail et deviendront à décharge aux parents par le profit quelque médiocre qu'il soit qu'ils pourront en retirer *(Y 13728).*

*Texte fondamental; il porte en lui les prémices d'une nouvelle vision sociale qui obsédera le XIXe siècle. L'enfermement n'est-il pas le plus grand désordre? N'est-il pas au fond inefficace du point de vue d'une bonne économie sociale? Au commissaire, donc, de rendre les parents attentifs aux responsabilités, plutôt que de sévir par ses propres moyens. La famille ne doit plus se décharger sur l'Etat, mais jouer le rôle d'un relais dans l'ordre civil. Un nouveau projet social s'ébauche ici; on ne veut plus répondre aux méfaits de certains membres de la société par une sanction singulière elle-même inquiétante, destructrice, mais lier les membres de la société à d'autres réalités : une famille sur laquelle l'Etat pourra s'appuyer pour mobiliser ses peuples.*

*Pourtant, moins gagnés que le lieutenant général*

*aux idées éclairées et aux systèmes, les commissaires ne semblent souvent voir dans cette interrogation que l'amoindrissement de leur prestige et la mise en cause de leur autorité. S'ils suivent à la lettre les instructions, c'est tout leur travail qu'ils devront repenser. Lenoir, puis son successeur, Albert, pourront bien répéter leurs instructions : c'est, apparemment, en vain. Combats d'arrière-garde, pourtant. Le commissaire perd progressivement ses prérogatives au bénéfice du lieutenant général de police. Du même coup, c'est son autorité personnelle dans son quartier qui s'efface au bénéfice d'une centralisation et d'une hiérarchisation plus marquée de l'ordre policier.*

**Ouvrir la rue**

*Car c'est bien de l'organisation qu'il s'agit. Insensiblement, le contrôle de l'espace urbain se transforme. Au lieu de répondre ponctuellement aux menaces, il faut aménager l'espace de telle façon qu'il ne puisse plus sécréter ni nourrir le désordre. Priver la rue de son autonomie, de sa force, de sa capacité de résistance et d'invention en le faisant plus clair, plus sain, plus rigoureux. Il faut traquer l'espace, le connaître, le mettre en plans et en cartes, relever le nom des rues. éclairer les ruelles. C'est l'œuvre entreprise par le second XVIIIe siècle. D'innombrables règlements, méticuleux, modestes, y contribuent en particulier sous le long ministériat de Sartine, lieutenant général de 1759 à 1779.*

*Les écriteaux qui portent le nom de chaque rue ne datent que de 1728; avant cette époque, la tradition désignait chaque rue. On avait commencé par une plaque de fer blanc, le temps et la pluie en effaçaient les caractères; aujourd'hui ils sont gravés dans la pierre même.* On avait commencé à numéroter les maisons de rues; on a interrompu, je ne sais pourquoi, cette utile opération [25]. *Louis-Sébastien Mercier, en fait, n'ignore pas que les graveurs de noms de rue ont été obligés de travailler la nuit, tant ils étaient assaillis de quolibets, de coups et de menaces de séditions lorsqu'ils opéraient le jour. Le peuple comprenait bien tout ce qu'il perdait : son espace totalement déchiffré par les autorités n'allait plus être qu'un espace mort où se fondre devenait presque impossible. Les mêmes réactions violentes ont accompagné toutes les tentatives d'éclairage des rues. Une rue éclairée est une rue surveillée et personne ne s'y trompe.*

*L'organisation urbaine entre dans tous les détails : les enseignes des échoppes et des ateliers d'artisans sont elles aussi réglementées. Le Journal de Barbier en témoigne :*

Novembre 1761. Le bureau de la voirie a obtenu une ordonnance des trésoriers de France pour faire réformer toutes les enseignes, qui sont en très grand nombre dans Paris, de manière qu'elles soient à quinze pieds de haut du pavé des rues et qu'elles n'excèdent les murs des maisons que de deux ou trois pieds, surtout dans les rues larges, sous prétexte qu'elles seraient moins exposées à se détacher dans les grands vents et qu'elles incommoderaient moins les fenêtres voisines; mais aussi peut-être pour quelque raison de droits et de profits. ... En sorte que depuis un mois, on ne voit que des échelles dans les rues à boutiques pour ôter les enseignes et les mettre en placard (...) Cela ne sera plus si commode pour découvrir une enseigne que l'on cherchera, mais cela aura un coup d'œil plus uniforme dans toutes les rues [26].

*Le mot clé est ici l'uniformité. Faire la rue semblable, égale, ou tenter de le faire, c'est s'y frayer un passage, c'est poursuivre tout ce qui dépasse, gêne, interroge par son hétérogénéité et son four-*

*millement anarchique; c'est aplanir l'espace, le rendre étal. Tout, dès lors, sera possible.*

*D'ailleurs voici qu'après la justice et la police, d'autres institutions sociales prétendent intervenir sur l'espace urbain, rivalisant d'exigence avec les premières. Là où les règlements s'étaient d'année en année sédimentés pour tenter de gérer l'immense désordre parisien, de nombreux discours impérieux, éclairés, se font entendre : celui de l'hygiène et de la santé, celui du travail. Administrateurs, médecins et philosophes requièrent l'ouverture de la rue, la mise en place d'un ordre différent, où les actes et les raisons deviendraient visibles, contrôlables, isolables. Aux foules insaisissables, ils rêvent de substituer des files; au labyrinthe des ruelles, les prestiges rassurants de la perspective; à l'étrange promiscuité des pouvoirs et des sujets, la transparence d'une loi juste; au gaspillage des énergies et des passions, une saine économie des corps et des forces* [27].

*Ils rêvent d'un Paris différent, lentement remodelé; et face à ce rêve se dresse le réel, plus impertinent qu'on ne pourrait le croire... Commence alors une autre histoire, où à la volonté d'assainissement répond une situation sociale complexe, porteuse de possibilités insurrectionnelles.*

*Paris s'accroît de plus en plus. Certains quartiers atteignent des densités catastrophiques; les disettes et les épidémies, comme celles du choléra en 1832-1833 et en 1849, répandent la mort de façon tragique et injuste. La ville est rongée d'un mal certain, même après qu'Haussmann se fut mis à l'œuvre, clarifiant l'espace urbain tout en se gardant bien d'oublier d'aménager en eau, en égouts et en services les quartiers populaires. Lumineuse stratégie... Les problèmes de logement restent pourtant aigus et la ségrégation sociale qui se fait en plein Paris est plus nette que jamais. Les travailleurs sont concentrés à l'est tandis que les riches demeurent encore dans le centre et continuent de s'établir vers l'ouest. La spéculation sur les terrains et la hausse continuelle des loyers après 1850 repoussent toujours plus loin les classes populaires, qui devront même s'exiler dans les faubourgs, derrière les barrières, hors la ville. Cet exil est durement ressenti : reprendre Paris est davantage qu'un thème populaire favori, c'est une volonté révolutionnaire qui s'exprimera aussi bien en 1848 qu'en 1871* [28]*. Si l'histoire de Paris au XIXᵉ siècle est en partie celle de sa réduction à l'ordre et à l'hygiène, elle est tout autant celle de sa volonté à faire de la rue l'espace d'une résistance et l'enjeu d'une liberté. Semblable en cela à l'Ancien Régime, avec pourtant une différence significative : pour tenir cet enjeu, il faut désormais descendre dans la rue; au XVIIIᵉ siècle ce n'était même pas la peine puisqu'on y vivait.*

# Notes et références

## 1/La rue pour vivre

1. J. Letaconnoux, *La vie parisienne au XVIII^e siècle*, Paris, Alcan, 1914, p. 75.
2. N. Karamzine, *Voyages en France, 1789-90*, A. Legrelle, Paris, 1885.
3. J.P. Marana, *Lettre d'un Sicilien à un de ses amis*, datée de la fin du XVII^e siècle, publiée par V. Duffour dans *Anciennes Descriptions de Paris*, Paris, 1883, p. 13.
4. J.C. Nemeitz, *Séjour de Paris*, Leyden, 1727, p. 116.
5. J.P. Marana, *op. cit.*, p. 89.
6. L.S. Mercier, *Tableau de Paris*, Amsterdam, 1783, douze volumes, t. I, p. 120.
7. N. Karamzine, *op. cit.*, p. 89.
8. J.C. Nemeitz, *op. cit.*, tome II, chap. XXIX.
9. J.P. Marana, *op. cit.*, p. 10.
10. N. Karamzine, *op. cit.*, p. 76.
11. N. Karamzine, *op. cit.*, p. 86.
12. F. Boudon, A. Chastel, H. Couzy, F. Hamon, *Système de l'architecture urbaine. Le quartier des Halles à Paris*, C.N.R.S., 1977.
13. Bref extrait de ce registre trouvé en Y 13163 aux Archives nationales.
14. L.S. Mercier, *op. cit.*, t. I, chap. XLVII, p. 86.
15. *Les Promenades de la guinguette*, Troyes, 1718, p. 10.
16. E.J.F. Barbier, *Journal d'un bourgeois de Paris sous le règne de Louis XV*, Paris, 10/18, 1963, p. 179.
17. L.S. Mercier, *op. cit.*, vol. VIII, chap. DCLVI, p. 171.
18. L.S. Mercier, *op. cit.*, t. II, chap. LXXV, p. 38.
19. J.C. Nemeitz, *op. cit.*, tome I, chap. XIV, p. 116.
20. L.S. Mercier, *op. cit.*, tome VII, chap. DLVII.
21. M. Boitel, Réflexions d'un citoyen sur l'inspection des ports, et la reconstruction de celui du quai St-Bernard, imp. Cailleau, conservé à la Bibliothèque historique de la Ville de Paris.
22. Z^IH 656 aux Archives nationales : Etat des personnes qui se sont noyées ou qui ont couru risque de l'être dans la ville de Paris pendant les mois de janvier et février 1779, auxquelles ont été administrés les secours indiqués par le Bureau

de la Ville et des sommes qui peuvent être accordées à ceux qui les ont péchés et secourus.

23. ZIH 656. Archives du Bureau de la Ville. 12 mai 1979.

24. L.S. Mercier, *op. cit.*, t. I, chap. XLVI, p. 81.

25. Kaplow. *Les Noms des rois,* Les pauvres de Paris à la veille de la Révolution, Paris, Maspéro, 1974.

26. Bibliothèque nationale, ms. fr. 8129, Etat des mendiants et vagabonds qui ont été renfermés dans les dépôts de mendicité établis dans le royaume.

27. Y 9514, Y 9515 : deux liasses qui contiennent les sentences et informations contre des mendiants entre 1724 et 1784.

28. Extrait des lettres constitutives du Mont-de-Piété, 9 décembre 1777.

29. *Idem.*

30. L.S. Mercier, *op. cit.*, tome XII, p. 80.

31. H. Sauval, *Histoire et Recherches des Antiquités de la Ville de Paris,* Paris, C. Moetle, 3 vol., 1724, p. 589.

32. C. Bloch, *L'Assistance et l'Etat en France entre 1764 et 1790,* Paris, 1908, p. 105.

33. Ordonnances, arrêtés et sentences de police rendus en 1746, *in* Lettres de Mr de Marville lieutenant général de police, au ministre Maurepas (1742-1747), ms à la Bibliothèque historique de la Ville de Paris.

34. J.P. Marana, *op. cit.*, p. 52.

35. L.S. Mercier, *op. cit.*, t. II, p. 12.

36. L.S. Mercier, *op. cit.*, t. VII, p. 138.

37. J. Thiery, *Almanach du voyageur à Paris,* Paris, 1783, 221 p.

38. J.P. Karamzine, *op. cit.*

39. *Remontrances au Parlement de Paris,* février 1781.

40. M. Ozouf, *La Fête révolutionnaire,* Paris, Gallimard, 1976, introduction.

41. E.J.F. Barbier, *op. cit.*, p. 54.

42. L.S. Mercier, *op. cit.*, t. III, p. 39.

43. L.S. Mercier, *op. cit.*, t. III, p. 18.

44. E.J.F. Barbier, *op. cit.*, t. I, p. 170.

45. L.S. Mercier, *op. cit.*, t. III, p. 158.

**2/S'approprier l'espace**

1. Y 9769. Juin 1770. Information faite par Me Coquelin, commissaire, à la requête du Procureur du Roi au sujet des malheureux événements de la rue Royale à la suite du feu tiré le 30 mai 1770 à l'occasion du mariage de Monseigneur le Dauphin.

2. J.C. Nemeitz, *Séjour de Paris,* cité in Alfred Franklin, *La vie de Paris sous la Régence,* éd. Plon, 1897, chap. V, « Comment il se faut habiller », p. 29 sq.

3. E.J.F. Barbier, *op. cit.*, p. 81.

4. Arthur Young, *Voyages en France*, éd. 10/18, 1970, p. 86.

5. R. Cobb, *La protestation populaire en France (1789-1820)*, Paris, éd. Calmann-Lévy, 1975, p. 47.

6. Y 15707. Tableau général de toutes les opérations faites à l'occasion du malheur arrivé à la sortie de la place Louis XV, rue Royale le mercredi 30 mai 1770, et pièces relatives. Rapports des médecins et des chirurgiens.

7. *Considérations philosophiques sur les mœurs, les plaisirs et les préjugés de la capitale*, Paris, 1758, p. 158.

8. P. Delarue, *Sermon sur le luxe des habits*, 1719, t. I, p. 256.

9. Billacois, « Le Parlement et les duels au XVIIe siècle », in *Cahiers des Annales*, n° 33, 1971, Crimes et criminalité en France aux XVIIe et XVIIIe siècles.

10. Edit portant règlement général pour la police de Paris, 11 décembre 1666.

11. J.P. Marana, *op. cit.*, p. 33.

12. E.J.F. Barbier, *op. cit.*, p. 41.

13. J. Kaplow, *op. cit.*, p. 186.

14. L.S. Mercier, *op. cit.*, t. II, p. 113.

15. E.J.F. Barbier, *op. cit.*, p. 78.

16. W. Reddy, « Le Travail à l'envers », communication inédite faite à l'école des Hautes Etudes en janvier 1977.

17. M. Rouff, « Une grève de gagne-deniers en 1786 à Paris », dans *Revue historique*, 1910, pp. 332-347.

18. J. Kaplow, *op. cit.*, pp. 78-79.

19. R. Cobb, *op. cit.*, p. 37 et p. 201.

20. H2 1968. Bureau de la ville. Règlements et décisions 1778-1785.

21. *Idem*. Ordonnance de Police du 6 octobre 1785.

22. L.S. Mercier, *op. cit.*, t. VI, chap. CCCCLX.

23. R. Cobb, *op. cit.*, p. 50.

24. H. Sauval, *op. cit.*, t. I, p. 510.

25. R. Chartier, « La Monarchie d'Argot. Les milieux marginaux dans les villes françaises des XVIe et XVIIe siècles entre les mythes et les réalités », in *Les marginaux et les exclus dans l'histoire*, Cahiers Jussieu, n° 5, 1979, p. 275.

26. De Sartine, lieutenant général de police en fonction à Paris de 1759 à 1774.

27. Y 11035. Procès-verbal des patrouilles militaires et d'arrestation des soldats dans les cabarets de Paris au XVIIIe siècle.

28. Cf. la thèse en cours d'E. Benabou sur la prostitution au XVIIIe siècle.

29. L.S. Mercier, *op. cit.*, vol. III, p. 70.

30. *Code ou Nouveau Règlement sur les lieux de prostitution dans la ville de Paris*. A Londres, 1775, 191 p.

31. L.S. Mercier, *op. cit.*, t. III, p. 70.

32. L.S. Mercier, *op. cit.*, t. III, p. 130.

33. *Code ou Nouveau Règlement, op. cit.*, p. 82.
34. L.S. Mercier, *op. cit.*, t. VII, p. 3.
35. L.S. Mercier, *op. cit.*, t. V, p. 59.
36. L.S. Mercier, *op. cit.*, t. VII, p. 4.
37. L.S. Mercier, *op. cit.*, t. XI, p. 121.
38. L.S. Mercier, *op. cit.*, t. III, p. 69.
39. L.S. Mercier, *op. cit.*, t. I, p. 117.
40. L.S. Mercier, *op. cit.*, t. I, p. 86.
41. L.S. Mercier, *op. cit.*, t. XI, p. 51.
42. B. Geremek, *Les Marginaux parisiens aux XIVe et XVe siècles,* Paris, Flammarion, 1976, pp. 189-238.
43. J.P. Gutton, *La Société et les Pauvres, l'exemple de la généralité de Lyon, 1534-1789,* Les Belles Lettres, 1970, p. 362.
44. H. Sauval, *op. cit.*, p. 510.
45. H. Monin, *L'Etat de Paris en 1789,* Paris, 1889, p. 259.
46. A. Farge, « Le Mendiant, un marginal? Les Résistances aux archers de l'hôpital dans le Paris du XVIIIe siècle », *Les marginaux et les exclus dans l'histoire,* Cahiers Jussieu, 10/18, n° 5, 1979, p. 312.
47. H. 1955. Ordonnance de Police du 21 mai 1784.

**3/Le contrôle de la rue**

1. La Police de Paris en 1770. Mémoire inédit composé par ordre de G. de Sartine sur la demande de Marie-Thérèse, Paris, 1879.
2. Extrait de l'édit royal du 15 mars 1667.
3. Y 13728. Minutes-lettres concernant la police. Office du commissaire Hildebrandt.
4. F. Bluche, *Magistrats du Parlement de Paris au XVIIIe siècle,* Les Belles Lettres, Paris, 1960.
5. L.S. Mercier, *op. cit.*, le Lieutenant de police.
6. N. Delamare, *Traité de la Police,* Paris, 1705-1738, livre I, titre XI, chap. VI, « Fonctions de police des commissaires de police, concernant la Religion, les Mœurs, les Vivres et la Santé », p. 200.
7. L.S. Mercier, *op. cit.*, t. III, p. 105.
8. N. Delamare, *op. cit.*, livre I, titre XI, chap. VII, p. 205.
9. L.S. Mercier, *op. cit.*, t. VI, p. 105.
10. M. Chassaigne, *La Lieutenance générale de Paris,* thèse 1906, chap. III, p. 161.
11. *Traité des fonctions, droits et privilèges des commissaires au Châtelet de Paris,* par M. Sallé, avocat au Parlement, Paris, 1759, 3 vol.
12. De Sartine, *op. cit.*, p. 61.
13. Documents inédits sur le règne de Louis XV. Journal des inspecteurs de police de M. de Sartine 1761-1764. Historiettes galantes et véridiques contées au Roi.

14. C. Piton, *Paris sous Louis XV*. Rapports des inspecteurs de police du Roi, Paris, 1910, p. 265.

15. De Sartine, *op. cit.*, p. 67.

16. N. Delamare, *op. cit.*, livre I, titre XIII, p. 245.

17. L.S. Mercier, *op. cit.*, t. VI, p. 106.

18. N. Delamare, *op. cit.*, livre I, p. 200.

19. *Notes de René d'Argenson, lieutenant général de police, intéressantes pour l'histoire des mœurs et de la police de Paris à la fin du règne de Louis XIV*, Paris, 1866, p. 11.

20. *Le livre d'or des métiers, hôtelleries, cabarets,* Michel et Fournier, Paris, 1851, 2 vol., in-4°, p. 396.

21. L.S. Mercier, *op. cit.*, vol. 3, p. 296.

22. René d'Argenson, *op. cit.*, p. 106.

23. *Journal du marquis d'Argenson, la France au milieu du XVIII*e *siècle (1747-1757),* extraits publiés par Armand Brette, Paris, Colin, 1898, p. 96.

24. N. Delamare, *op. cit.*, livre I, titre XI, chap. VI.

25. L.S. Mercier, *op. cit.*, t. II, p. 202.

26. E.J.F. Barbier, *op. cit.*, p. 297.

27. Cf. B. Fortier, *La Politique de l'espace prussien à la fin de l'Ancien Régime,* document Cordes, Paris, 1975.

28. J. Rougerie, *Paris libre, 1871*; Paris, Seuil, 1971.

## Post-scriptum (1992)

*1979 :* Vivre dans la rue à Paris au XVIII^e siècle *tentait de poser l'espace urbain comme objet d'histoire et acteur social dont dépendaient certaines formes de comportements populaires. Cette attitude de recherche permit ensuite de travailler sur la population parisienne avec de nouveaux questionnaires et quelques déplacements dans les interrogations. Notamment sur la façon dont l'individu, singulier, s'insère dans la vie collective à partir de menus événements et participe de fait à l'histoire.*

*Dans la dizaine d'années qui vient de s'écouler, d'autres formes d'appréhension du social se sont mises en place; je pense notamment aux multiples tentatives (et réussites) de la micro-histoire, ce regard particulier né en Italie (C. Ginzburg, G. Levi) qui analyse la manière dont les événements singuliers reflètent l'ensemble de l'univers social tout en se décalant par rapport à lui. La micro-histoire permet de mieux comprendre l'alchimie particulière qui fait de chacun un être à la fois représentatif et exceptionnel face à un milieu socioculturel donné. Les archives judiciaires ont souvent été le support privilégié de telles études : autour du conflit né dans une communauté se perçoit l'ensemble des adhésions et des ruptures au système social en même temps que les stratégies de solidarité et de contre-solidarité qui régulent en général les pôles tendus de la sociabilité. Compensant en une certaine mesure la faillite d'interprétations historiques par trop idéologiques, la micro-histoire a pu alors servir de questionnaire fécond pour certains historiens.*

*Il ne faut pas oublier non plus qu'au même moment*

*s'élaborait patiemment (et sans entraîner beaucoup de ferveur de la part des historiens de sexe masculin) l'étude nouvelle de l'histoire des relations entre les sexes et des relations entre le monde masculin et féminin. Cette histoire de la production sociale des rapports de sexe cherche elle aussi à transformer une vision de la dynamique sociale qui auparavant ne se déclinait qu'au masculin.*

*Exister dans l'espace public au XVIIIe siècle entre incitations à l'action et à la réaction, entre permissivité et répression implique que l'historien réfléchisse à présent sur les formes politiques de cette existence. Dès lors s'ouvre un autre champ de la réflexion : en 1992 on peut, toujours à partir des sources judiciaires, des notes et des rapports de police, lire comment la « curiosité publique » (si souvent mentionnée par les chroniqueurs et les essayistes du siècle des Lumières) n'est autre qu'une forme d'action réflexive d'une communauté urbaine tenue en alerte par le spectacle public de l'événement et par la volonté de voir se briser le « secret » de la chose politique qui, de fait, ne lui appartient pas. Le Parisien a beau être sujet du roi, il n'est point sujet politique. Son avidité à être informé passe par un paradoxe : la monarchie nie toute légitimité et efficacité à sa volonté de savoir tandis qu'elle fonde son système d'observation policier sur la captation de ses paroles. Le tour est joué, le XVIIIe siècle sera celui d'une population saisie entre vraies et fausses nouvelles, construisant au milieu d'elles un espace critique où le plausible tient lieu de support et où se constituent des possibilités de détachement par rapport à ce qui se voit, se masque et se dit. Ainsi, en l'absence de règles fixes dans le système d'information peuvent se dresser nombre d'attitudes collectives en quête du vrai, et en création de positions critiques et de constitution de légitimité.*

Vivre dans la rue à Paris au XVIIIe siècle *tâchait de montrer comment la confusion entre espace privé et espace public alimentait le savoir sur autrui et forgeait des façons de vivre. On peut à présent aller plus loin en liant ce savoir sur autrui aux formes d'appréhension de la chose publique, cherchant à décrire quels furent les motifs autour desquels se sont cristallisées des formes d'opinion politique populaire. En ce cas la rue est actrice sociale et politique.*

Arlette Farge.